René Förder

111 Orte in Sachsen-Anhalt, die man gesehen haben muss

emons:

Bibliografische Information der Deutschen Nationalbibliothek
Die Deutsche Nationalbibliothek verzeichnet diese Publikation
in der Deutschen Nationalbibliografie; detaillierte bibliografische
Daten sind im Internet über http://dnb.d-nb.de abrufbar.

© Emons Verlag GmbH
Alle Rechte vorbehalten
© der Fotografien: René Förder, außer:
Ort 64: mit Genehmigung der Vereinigten Domstifter
zu Merseburg und Naumburg und des Kollegialstifts Zeitz
Gestaltung: Eva Kraskes, nach einem Konzept
von Lübbeke | Naumann | Thoben
Kartografie: altancicek.design, www.altancicek.de
Kartenbasisinformationen aus Openstreetmap,
© OpenStreetMap-Mitwirkende, ODbL
Grafisches Centrum Cuno, Calbe
Printed in Germany 2018
Erstausgabe 2012
ISBN 978-3-89705-911-5
Aktualisierte Neuauflage März 2018

Unser Newsletter informiert Sie
regelmäßig über Neues von emons:
Kostenlos bestellen unter
www.emons-verlag.de

Vorwort

Die Idee für dieses Buch begann mit einem Witz in Köln. Ein guter Freund schenkte mir zum Geburtstag das Buch »111 Kölner Orte, die man gesehen haben muss«. Er überreichte es mir mit den Worten: »So was solltest du mal über Sachsen-Anhalt schreiben!« Dabei lachte er herzhaft, und ich lachte mit ihm, schließlich bin ich in Sachsen-Anhalt groß geworden und ehrlich gesagt, besonders bemerkenswerte Orte waren mir nicht in Erinnerung geblieben. Gut, in Dessau gibt's das Bauhaus und in Magdeburg den Dom, aber sonst?

In Sachsen-Anhalt tankt, wer auf dem Weg nach Berlin ist. Lange Jahre war das bei mir genauso. Bis ich das erste Mal bewusst von der A 2 runter, rein nach Magdeburg und danach weiter ins ganze Land gefahren bin. Mir sind großartige Menschen in tollen Orten begegnet. Dabei habe ich etwas ganz Wichtiges festgestellt: Man muss keine Weltreise machen, um einen überraschend abwechslungsreichen Urlaub zu erleben. Es genügt, durch Sachsen-Anhalt zu fahren.

Die Auswahl der 111 Orte ist vollkommen subjektiv. Coswig fand ich spannend, weil es den Komponisten der hawaiianischen Hymne hervorgebracht hat. Bevor ich nach Bad Kösen kam, hatte ich keine Ahnung, was ein Gradierwerk ist und schon gar nicht geahnt, wie beeindruckend das sein kann. Tangermünde klingt wie ein Ort am Meer und ist so schön wie eine Perle. Halle ist die coolste Stadt im Bundesland, und im Dessau-Wörlitzer Park wächst ein riesiges männliches Geschlechtsorgan auf einer Wiese. In diesem Buch verrate ich Ihnen auch, wo.

Sachsen-Anhalt ist so viel interessanter als sein Ruf. Was ich gesehen habe, hat mich wirklich begeistert. Ich bin mir sicher, Ihnen wird es genauso gehen.

111 Orte

1___ Der Irrgarten | Altjeßnitz
Schöne Irrungen und Wirrungen | 10

2___ Der Arendsee | Arendsee
»Die Perle der Altmark« | 12

3___ Der Garten Eden | Arendsee
Der erste Hippie | 14

4___ Das Gradierwerk | Bad Kösen
Ordentlich gesalzen! | 16

5___ Die Puppenausstellung | Bad Kösen
»Sternschnuppchen« im Romanischen Haus | 18

6___ Der Eulenspiegelturm | Bernburg
Witzischkeit kennt kein Pardon | 20

7___ Die Euthanasie-Gedenkstätte | Bernburg
Unnötiges Leben | 22

8___ Bitterfelder Bogen | Bitterfeld-Wolfen
Da muss keiner mehr einen Bogen drum machen | 24

9___ Der Pegelturm | Bitterfeld-Wolfen
Wer hoch hinaus will … sollte schwindelfrei sein | 26

10___ Der Barockgarten | Blankenburg
The King was amused | 28

11___ Die Antiquariate | Buchdorf Mühlbeck-Friedersdorf
Was liest du?! | 30

12___ Ortseingang | Coswig (Anhalt)
Aloha from Coswig! | 32

13___ Das Simonetti-Haus | Coswig (Anhalt)
Alles Schöne kommt von oben | 34

14___ Das Bauhauscafé | Dessau-Rosslau
Die Insel | 36

15___ Das Kandinsky- und Klee-Meisterhaus | Dessau-Rosslau
Tür an Tür mit Wassily | 38

16___ Das Kornhaus | Dessau-Rosslau
Der perfekte Abschluss für einen Bauhaus-Tag | 40

17___ Das Mendelssohn-Museum | Dessau-Rosslau
»Nathan der Weise« | 42

18___ Das Naturbad Mosigkau | Dessau-Rosslau
Wer will schon nach Malle?! | 44

19 — Der Rehsumpf | Dessau-Rosslau
Geheimtipp für heiße Sommertage | 46

20 — Der Schlosspark Mosigkau | Dessau-Rosslau
Wer Gärten mag, wird Mosigkau lieben | 48

21 — Das Stahlhaus | Dessau-Rosslau
Es kommt drauf an, was man daraus macht | 50

22 — Das Zyklon-B-Mahnmal | Dessau-Rosslau
Wir erinnern uns | 52

23 — Der Bibelturm | Dessau-Wörlitz
Dem Himmel so nah … | 54

24 — Der Drehberg | Dessau-Wörlitz
Olympia aufm Dorf | 56

25 — Flora- und Venustempel | Dessau-Wörlitz
Echte Aufklärung | 58

26 — Die Synagoge | Dessau-Wörlitz
Palim! Palim! Eine Flasche Zivilcourage, bitte! | 60

27 — Das Hammerbachtal | Dübener Heide
Naturkunde mit allen Sinnen | 62

28 — Schloss Reinharz | Dübener Heide
Liebesgefängnis, Sternwarte und Genesungsheim | 64

29 — Tornau | Dübener Heide
Das Deutsche Kettensägen-Fest | 66

30 — Die Doppelkapelle | Freyburg
Ein Ludwig kommt selten allein | 68

31 — Die Erinnerungsturnhalle | Freyburg
»Frisch, fromm, fröhlich, frei!« | 70

32 — Die Sektkellerei | Freyburg
Rotkäppchen für Erwachsene | 72

33 — Isenschnibbe | Gardelegen
Nur Befehle befolgt? | 74

34 — Das Salzwedeler Tor | Gardelegen
Rein oder raus? | 76

35 — Die alte Elementarschule | Gernrode
»Die beste Schule ist das Leben, oder?« | 78

36 — Die Wanderdüne | Gommern
Ein Gruß aus der Eiszeit | 80

37 — Das Sonnenobservatorium | Goseck
Die ersten Sternengucker Europas | 82

38 — Die Stadt aus Eisen | Gräfenhainichen
Spektakulär und einmalig | 84

39 ___ Das John-Cage-Projekt | Halberstadt
Wie langsam ist »So langsam wie möglich«? | 86

40 ___ Das Beatles-Museum | Halle
»All you need is love!« | 88

41 ___ Die Bergschenke | Halle
Der Himmel über Halle | 90

42 ___ Burg Giebichenstein | Halle
Der Klippenspringer von Halle | 92

43 ___ Das Kino Lux | Halle
Tierische Nachbarn | 94

44 ___ Der Krug zum Grünen Kranze | Halle
Das Wandern ist des Müllers Lust – das Trinken auch | 96

45 ___ Die Kunsthochschule | Halle
Was ist Kunst? | 98

46 ___ Das Museum für Vorgeschichte | Halle
Eine Familientragödie vor unserer Zeit | 100

47 ___ Die Skaterbahn | Halle
Freestyle in Ha-Neu | 102

48 ___ Der Dom | Havelberg
Symbol der Macht | 104

49 ___ Schloss Hohenerxleben | Hohenerxleben
Auferstanden aus Ruinen | 106

50 ___ Das Kloster Jerichow | Jerichow
Diese Mauern pustet keiner um | 108

51 ___ Das Denkmal zur Pflege der deutschen Sprache | Köthen
»Reinigkeit« und Recht und Freiheit … | 110

52 ___ Die Lutze-Klinik | Köthen
Die erste Wellnessklinik der Welt | 112

53 ___ Das Naumann-Museum | Köthen
International einzigartig | 114

54 ___ Der Elbauenpark | Magdeburg
Spazieren ist schöner als marschieren | 116

55 ___ Die Elbuferpromenade | Magdeburg
Angeschlossen an die Lebensader | 118

56 ___ Das Grab der Editha | Magdeburg
Direkt vor der Nase | 120

57 ___ Der Jahrtausendturm | Magdeburg
Wer? Wie? Was? | 122

58 ___ Die Paradiesvorhalle | Magdeburg
Wer vergesslich ist, den bestraft der liebe Gott | 124

59 Die Plastik der »Mechthild von Magdeburg« | Magdeburg
Alles fließt | 126

60 Die Stadthalle | Magdeburg
Erholen, johlen und rocken! | 128

61 Die Sternbrücke | Magdeburg
Walk of hope | 130

62 Das Carlswerk | Mägdesprung
Die Frauen springen rum, die Männer müssen schuften | 132

63 Das Geburtshaus von Gottfried August Bürger | Molmerswende
Der Ritt auf der Kanonenkugel | 134

64 Die Domfenster | Naumburg
Viel Rauch für nichts | 136

65 Das Max-Klinger-Haus | Naumburg
Heute top, morgen Flop! | 138

66 Das Nietzsche-Haus | Naumburg
Wie bei Muttern! | 140

67 Das Stadtmuseum »Hohe Lilie« | Naumburg
Keusch und rein | 142

68 Der St.-Wenzel-Turm | Naumburg
Die beste Aussicht der Stadt | 144

69 Die Arche Nebra | Nebra
Noah wäre neidisch gewesen | 146

70 Der Mittelberg | Nebra
Der Jäger der verlorenen Scheibe | 148

71 Schloss Oranienbaum | Oranienbaum
Holland in Anhalt | 150

72 Die Werkssiedlung | Piesteritz
»Lebst du schon oder wohnst du noch?« | 152

73 Pißdorf | Pißdorf
Nomen est Omen? | 154

74 Die Dorfkirche | Pretzien
Byzanz, Konstantinopel, Pretzien | 156

75 Das Pretziener Wehr | Pretzien
Für alle, die nicht übers Wasser gehen können | 158

76 Der Blasii-Friedhof | Quedlinburg
Wo die Liebe lebt | 160

77 Die Familiengrüfte auf St. Wiperti | Quedlinburg
Schöner Wohnen nach dem Ableben | 162

78 Die Feininger-Galerie | Quedlinburg
Entartet oder bürgerlich-dekadent? | 164

79 — Das Münzenbergmuseum | Quedlinburg
Macht Fernsehen dumm? | 166

80 — Der Ottonen-Keller | Quedlinburg
Prost, altes Haus! | 168

81 — Der Roland | Quedlinburg
Nur nicht den Kopf verlieren | 170

82 — Der Sachsenspiegel | Reppichau
Das bedeutendste Buch der deutschen Rechtsprechung | 172

83 — Die Kirche St. Nikolai und St. Laurentius | Sandau (Elbe)
(Nächsten)Liebe geht durch den Magen | 174

84 — Landesschule Pforta | Schulpforte
»Was mich nicht umbringt, macht mich härter.« (F. Nietzsche) | 176

85 — Das Grenzmuseum | Sorge
Wandern auf dem Todesstreifen | 178

86 — Das Uenglinger Tor | Stendal
Zeugnis einstiger Größe | 180

87 — Das Winckelmann-Museum | Stendal
Schuster, bleib bei deinen Leisten! | 182

88 — Die Alte Kanzlei | Tangermünde
Der erste Anbahnungs-Club | 184

89 — Die Exempel Gaststuben | Tangermünde
Macht einfach Spaß | 186

90 — Die Orgel in St. Stephan | Tangermünde
So klingt's im Himmel | 188

91 — Das Bodetal | Thale
(Grand) Canyon | 190

92 — Das Wandgemälde | Thale
Die Utopie stirbt zuletzt | 192

93 — Die Teufelsmauer | Timmenrode
Sympathy for the devil | 194

94 — Das ehemalige Kraftwerk | Vockerode
Asche zu Asche … | 196

95 — Werben | Werben
Gar nicht bieder | 198

96 — Das Karl-Marx-Denkmal | Wernigerode
Proletarier aller Länder, vereinigt euch! | 200

97 — Das kleinste Haus | Wernigerode
Platz ist in der kleinsten Hütte! | 202

98 — Das Lebensbornheim | Wernigerode
F… für den Führer | 204

99 — Der Miniaturenpark | Wernigerode
Der Harz in zehn Minuten | 206

100 — Das Geleitshaus | Weißenfels
Oh wie wohl ist mir mit Wasa … | 208

101 — Das Novalis-Haus | Weißenfels
»Glück ist gleich Talent für das Schicksal« | 210

102 — Die Cranachhöfe | Wittenberg
The Factory | 212

103 — Das Haus der Geschichte | Wittenberg
»Ist ja alles so schön bunt hier!« | 214

104 — Das Lutherhaus | Wittenberg
Zu Hause hat Herr Käthe die Hosen an | 216

105 — Luthers Grab | Wittenberg
»Death is not the end« | 218

106 — Die Milbenkäsemanufaktur | Würchwitz
Hauptsache, es schmeckt! | 220

107 — Die Lutheriden- und Stiftsbibliothek | Zeitz
Luther lebt! | 222

108 — Das Oskar-Brüsewitz-Denkmal | Zeitz
Was ist Freiheit? | 224

109 — Der Park von Schloss Moritzburg | Zeitz
Tag und Nacht | 226

110 — Unterirdisches Zeitz | Zeitz
Jedem sein Fässchen | 228

111 — Das Denkmal für Katharina die Große | Zerbst
Deutsch-Sowjet… Deutsch-Russische Freundschaft | 230

ALTJESSNITZ

1 Der Irrgarten
Schöne Irrungen und Wirrungen

Die 111 Orte dieses Buches sind alphabetisch geordnet. Dass der erste Ort der barocke Irrgarten in Altjeßnitz ist, passt aber ganz hervorragend.

Sachsen-Anhalt bietet, wenn man es bereist, so viel Sehenswertes und ist so groß, dass man sich darin wie in einem Irrgarten fast verirren oder verlieren kann. Im barocken Irrgarten von Altjeßnitz geht beides. Auf den engen, von zwei Meter hohen Hainbuchenhecken begrenzten Wegen kann man sich ratzfatz verirren und dort auch jemanden verlieren. Wenn Sie wollen. Vielleicht schnarcht gerade jetzt neben Ihnen jemand im Bett, bei dessen Anblick Sie denken, ach, den wollte ich doch schon vor Jahren weggeben. Dann packen Sie ihn ein und fahren mit ihm in den Irrgarten nach Altjeßnitz. Schon nach wenigen Metern wird er im dichten Grün nicht mehr durchblicken, und Sie sehen ihn nie wieder. Der 2.600 Quadratmeter große Irrgarten ist ein guter Ort für Entliebte und natürlich der perfekte Ort für Verliebte. Er liegt inmitten eines barocken Gutsparks. Den hatte Hans Adam Freiherr von Ende im Jahr 1699 begonnen anzulegen. Der Irrgarten geht auf einen Entwurf des Landpfarrers Johann Peschel zurück. Peschel starb leider, ohne zu erleben, wie sich seine Schäfchen darin verirrten.

Ein Spaziergang auf den geschwungenen Wegen des Parks, geschützt unter prächtigen Blutbuchen, Eichen und Linden, ist ein großes Vergnügen. Der 40 Meter hohe Tulpenbaum beeindruckt mit seinen zwei Metern Stammumfang.

An einem der Wege liegt eine kleine Kirche aus dem 12. Jahrhundert. Ihr Haus aus Feldsteinen strahlt die Ruhe und Würde des Alters aus. Ein Warnhinweis an alle Romantiker! Es könnte sein, dass Sie nun vor Ihrer Begleitung auf die Knie gehen und sie bitten, Sie genau in dieser Kirche zu heiraten. Nur zu, heiraten Sie. Wenn Ihr Partner Sie dann nervt, gibt es ja immer noch den riesigen Irrgarten.

Adresse Gutspark, Hauptstraße 8, 06800 Altjeßnitz, www.irrgarten-altjessnitz.de | **Anfahrt** von der B 185 über die L 136 | **ÖPNV** Bus 436 aus Wolfen, Haltestelle Hauptstraße | **Öffnungszeiten** April–Okt. Mo–Fr 9–20 Uhr, Sa, So und feiertags 10–20 Uhr | **Tipp** Lohnend ist ein Abstecher zu den 114 Meter hohen Windrädern von Bobbau.

2 — Der Arendsee

»Die Perle der Altmark«

Der 25. November war der letzte Tag im Leben vom Müller Arend. Mit einem unheimlichen Grollen, das direkt aus der Mitte des Sees zu kommen schien, kündigte sich das Unglück an. Es war, als sperrte die Hölle ihren Schlund auf, um Bäume, Sträucher, das ganze Ufer und am Ende sogar Müller Arend samt seiner Windmühle in die Tiefe zu reißen.

So jedenfalls will es die Legende um den angeblichen Namensgeber des Arendsees.

Der Arendsee ist ein sogenannter Einbruchsee. Er entstand durch mehrere Einbrüche des Grundwassers in den darunter liegenden Salzstock. Der letzte große Einbruch, der den armen Müller in den Abgrund riss, geschah eben an jenem Novembertag im Jahr 1685. Seitdem erstreckt sich der See über 540 Hektar und ist bis zu 50 Meter tief.

Wer diese Tiefe jetzt mit der maximalen Länge von 3,3 und der ungefähren Breite von 2 Kilometern multipliziert, kann so herausfinden, wie viel Wasser in diesen See passt. Man kann es aber auch lassen und sofort zum Arendsee fahren.

Durch seine geschützte Lage an der ehemaligen innerdeutschen Grenze entstand an seinem Nordufer eine ganz einmalige Tier- und Pflanzenwelt.

Im Winter lassen sich zehntausende Gänse in der Dämmerung auf dem Wasser nieder. Absolut eindrucksvoll und genauso laut wie ein Junggesellinnen-Abschied in der Kölner Altstadt.

Im Sommer ist der See ein Wassersportparadies. Wer Kinder hat oder gerne seine körperlichen Grenzen austestet, wird sich im Strandbad über die 72 Meter lange Wasserrutsche freuen. Wer Ruhe sucht, auf den warten ein feinkörniger Sandstrand und baumbestandene Liegewiesen.

Und wer keine Lust auf nasse Textilien verspürt, kann sich im ausgedehnten FKK Bereich ausleben.

Adresse 39619 Arendsee, www.strandgaststaette-arendsee.de | **Anfahrt** von Osten und Westen über die B 190 | **ÖPNV** mit dem Zug bis Osterburg, dann Bus 961, Haltestelle Arendsee-Busbahnhof | **Tipp** Die Sauna am Seeufer – erst schwitzen, dann schwimmen.

3 Der Garten Eden
Der erste Hippie

Wenn es den Begriff Außenseiter nicht schon gäbe, müsste man ihn für den 1874 in der Altmark geborenen Gustav Nagel erfinden. Die Männer seiner Generation klemmten sich Monokel ins Auge und träumten davon, mit dem Säbel in der Hand auf dem Schlachtfeld zu sterben. Er ließ sich die Haare wachsen, lebte über ein Jahr im Wald und pilgerte barfuß nach Jerusalem. 1910 gründete er am Ufer des Arendsees seinen »Garten Eden« und predigte fortan von Liebe und Frieden. Gustaf Nagel errichtete auf seinem Seegrundstück aus Naturmaterial phallusartige Säulen als Zeichen der Fruchtbarkeit. Er war das Kontrastprogramm zum millionenfachen Sterben in den Schützengräben des Ersten Weltkriegs.

Von den Erfahrungen des Kriegs traumatisiert, strömten nach 1918 bis zu 10.000 Sinnsucher im Jahr in den »Garten Eden«. Ihr Eintrittsgeld machte Nagel zum reichen Mann und bescherte dem Ort Arendsee die größten Steuereinnahmen von einer Privatperson. Aber was wie eine Liebesgeschichte zwischen ihm und der Gemeinde klingt, war tatsächlich ein täglicher Kampf gegen Intoleranz und staatliche Willkür. Von 1900–1903 war Nagel entmündigt. Die Nazis steckten ihn 1943 erst ins KZ und ein Jahr später in eine Nervenheilanstalt. Nagel war für die Rechte der Juden eingetreten, hatte in Briefen an Hitler und Goebbels gegen Verfolgung und für Aussöhnung gestritten. Nach 1945 wurde er dafür als Antifaschist gefeiert.

Gustav Nagel blieb unangepasst. Er predigte gegen die deutsche Teilung – das kostete ihn erneut seine Freiheit. 1950 erklärten ihn diesmal die DDR-Bürokraten zum Geistesgestörten und steckten ihn wieder in dieselbe Nervenheilanstalt. Dort starb er 1952. Heute erinnern Schautafeln und Reste der Tempel im ehemaligen »Garten Eden« am Ufer des Arendsees an sein Wirken. Seine damals »verrückten« Ideen finden sich heute bei den Grünen, Tierschützern und in der alternativen Medizin.

Adresse Lindenstraße, 39619 Arendsee | **Anfahrt** über die B 190 | **ÖPNV** mit dem Zug von Magdeburg nach Salzwedel, weiter mit dem Bus 200, Haltestelle Arendsee Bahnhofstraße | **Tipp** Die romanische Klosterkirche von 1185 im ehemaligen Kloster Arendsee ist sehr sehenswert.

4 Das Gradierwerk
Ordentlich gesalzen!

Gradierwerke nennt man die Kathedralen des Salinenwesens. Wer vor dem imposanten Gradierwerk von Bad Kösen steht, weiß, woher dieser Vergleich kommt. Aber jetzt mal ganz dumm gefragt, was ist eigentlich ein Gradierwerk? Ein Gradierwerk ist eine Anlage zur Salzgewinnung. Sie besteht aus einem Holzgerüst, das mit Reisigbündeln aufgefüllt ist. Gradieren bedeutet einen Stoff in einem Medium konzentrieren. Im Fall des Gradierwerkes wird der Salzgehalt im Wasser erhöht, indem Sole durch das Reisig hindurchplätschert. Dabei verdunstet das Wasser und das Salz bleibt hängen. Jetzt könnten Sie denken, das ist ja schön und gut, aber wenn ich Salz brauche, gehe ich in den Supermarkt. Natürlich, doch vor 300 Jahren war Salz begehrt und sehr wertvoll – man nannte es »weißes Gold«. Das Wort »Salär« geht unmittelbar auf die Bezahlung von Lohn in Salz zurück. So ist es kein Wunder, dass August der Starke die Salzförderung extrem vorantrieb. In seinem Auftrag bohrte der Kurfürstlich-Sächsische Bergrat, Johann Gottfried Borlach, im Bad Kösener Gestein. Er hatte Erfolg und stieß auf eine Soleader. Sole ist Wasser, das sich beim Fließen durch salzhaltiges Gestein mit Salz angereichert hat.

Seit 1730 wird in Bad Kösen Salz gewonnen. Und zwar mit derselben Technik. Über ein kunstvolles Gestänge wird das salzhaltige Wasser über 400 Meter zum Gradierwerk gepumpt. Wie gut und wie genau das technische Denkmal immer noch funktioniert, kann fundiert Barbara Odrich bei einer Führung durch den Borlachschacht erklären.

Heute wird das Gradierwerk für Kuren genutzt. Beim Einatmen reinigen die feinen Salzkristalle in der Luft die Atemwege intensiv von Bakterien und lassen die Schleimhäute abschwellen. Für Asthmatiker und Pollenallergiker ist deshalb ein Spaziergang durch das Gradierwerk genauso heilsam wie eine Strandwanderung an der Ostsee.

Adresse Parkstraße 4–6, 06628 Bad Kösen, www.gradierwerk-bad-koesen.de | **Anfahrt** an der B 87 zwischen Naumburg und Apolda | **ÖPNV** Bahnstrecke Berlin–München bis zum Intercity-Haltepunkt Naumburg/Saale, weiter mit der Regionalbahn bis Bad Kösen | **Öffnungszeiten** ganzjährig von außen zu besichtigen, geöffnet Mo–Fr 14–17 Uhr, Sa, So 13–17 Uhr | **Tipp** Besuchen Sie die Rudelsburg im Ortsteil Saaleck wegen ihrer tollen Lage oberhalb der Saale.

5 Die Puppenausstellung
»Sternschnuppchen« im Romanischen Haus

»Ick koof euch keene Puppen. … Macht euch selber welche«, sagte Max Kruse, Käthe Kruses späterer Ehemann und Vater ihrer Kinder, 1904, ohne zu ahnen, dass er damit eine weltweite Erfolgsgeschichte in Gang setzte. Denn Käthe Kruse machte ihre Puppen selber. Zunächst wirklich nur für ihre Kinder und aus Dingen, die sie im Haushalt fand. Ein Handtuch, eine Kartoffel und warmer Sand, fertig war die Puppe. Sie hielten natürlich nicht lange. Käthe Kruse verfeinerte die Herstellung immer mehr und gab den Puppen die Gesichter ihrer Töchter. Die typische Käthe-Kruse-Puppe war geboren.

Als eines ihrer Kinder erkrankte, kam sie zum Kuren nach Bad Kösen. Während sich das Kind erholte, entstand Käthe Kruses Idee, ihre Puppen in großer Stückzahl herzustellen – und zwar genau hier in Bad Kösen. Als kluge und kreative Geschäftsfrau machte sie aus ihrer Puppenwerkstatt in kurzer Zeit einen der wichtigsten Arbeitgeber der Stadt. Infolge des Zweiten Weltkriegs wurde die Produktion sehr erschwert. In der sowjetisch besetzten Zone war eine Puppenherstellung unmöglich. Ihr Sohn verlegte die Manufaktur nach Bayern. Die Bad Kösener Puppenmanufaktur wurde zum volkseigenen Betrieb und stellte zunächst weiter Puppen, später künstlerisch hochwertige Plüschtiere her. Käthe Kruse verließ 1954 Bad Kösen und kehrte niemals wieder zurück.

Seit 1993 ist zumindest ein Teil ihrer Puppen wieder in der Stadt zu sehen: Liebhaber und Liebhaberinnen finden Raritäten und Unikate wie das »Schlenkerchen«, das »Sandbaby« und das »Sternschnuppchen«. Insgesamt werden über 230 dieser wertvollen Puppen im Obergeschoss des Romanischen Hauses ausgestellt.

Das Romanische Haus ist über 900 Jahre alt und zählt damit zu den ältesten erhaltenen Steinbauten eines Klosters in Mitteldeutschland. Im Erdgeschoss erzählt eine Ausstellung über die lange Geschichte des Klosters und die Salzgewinnung in Bad Kösen.

Adresse Am Kunstgestänge, 06628 Bad Kösen | **Anfahrt** über die B 87 zwischen Naumburg und Apolda | **Öffnungszeiten** 1. April–31. Okt. Di–So 10–17 Uhr, 1. Nov.–31. März Di–So 10–16 Uhr; an Feiertagen (Oster- und Pfingstmontag et cetera) geöffnet, am 23., 24., 31. Dez. und 1. Jan. geschlossen | **ÖPNV** Bahnstrecke Berlin–München bis zum Intercity-Haltepunkt Naumburg/Saale, weiter mit der Regionalbahn bis Bad Kösen | **Tipp** Machen Sie eine Führung »Vom Flößerort zum Heilbad«, Treffpunkt ist jeden zweiten und vierten Samstag um 14 Uhr an der Tourist-Info.

6 — Der Eulenspiegelturm
Witzischkeit kennt kein Pardon

Ja, leck mich doch am Arsch!, soll hier keine Beschimpfung sein, sondern die Deutung des Namens Eulenspiegel. Im Mittelniederdeutschen bedeutet Ulen (Eulen) auch wischen und Spegel (Spiegel) Gesäß. Somit heißt der Ausruf »Ul'n spegel« im Mittelniederdeutschen »Wisch mir'n Hintern«. Oder eben: Leck mich am Arsch! Und das will man auch zwischen den Zähnen hervorpressen, wenn man den 44 Meter hohen Eulenspiegelturm hochschnauft.

Der berühmte Schelm Till Eulenspiegel hat vermutlich in der Mitte des 14. Jahrhunderts beim Grafen von Anhalt-Bernburg als Turmbläser gearbeitet. Eines Tages soll der Graf ein Gelage im Hof veranstaltet haben. Von seinem Turm aus sah Till, wie die Tafel immer leerer und die Bäuche immer dicker wurden. Und obwohl manche Fettwänste schon fast platzten, brachte man ihm nichts an seinen Arbeitsplatz. Also nahm Till Eulenspiegel sein Horn und blies kräftig Alarm. Die Feiergesellschaft trieb in Panik auseinander. Die Ritter sattelten auf und galoppierten den vermeintlichen Feinden entgegen. Till Eulenspiegel schritt gemächlich die Treppe hinab und aß genussvoll die ihm vorher verwehrten Speisen. Es wird jetzt niemanden überraschen, dass er danach seinen Job als Turmbläser los war. So zog Till Eulenspiegel weiter ins Magdeburger Land, um noch mehr überkandidelte Herrschaften auf die Schippe zu nehmen.

Niemand kann endgültig sagen, ob Till Eulenspiegel wirklich eine Zeit lang auf dem mächtigen Turm aus dem späten 12. Jahrhundert gewacht hat, der zum Renaissanceschloss Bernburg gehört. Aus gesicherten Quellen geht jedoch hervor, dass der Turm schon seit 1640 seinen Namen trägt. Heute ist er das Wahrzeichen der Stadt Bernburg.

Eulenspiegels typische Narrenkappe wirkt inzwischen ziemlich albern. Sein schelmischer Widerstand gegen die Mächtigen ist aber immer noch ein Beispiel großer Zivilcourage.

Adresse Schloßstraße 24, 06406 Bernburg (Saale) | **Anfahrt** über die A 14 Halle in Richtung Magdeburg bis Abfahrt 10 Bernburg/Güsten/Aschersleben | **ÖPNV** mit der Elbe-Saale-Bahn und dem Harz-Elbe-Express, Haltestelle Bernburg Hauptbahnhof | **Öffnungszeiten** Bleibt aufgrund von Bauarbeiten bis auf weiteres geschlossen | **Tipp** Ich empfehle einen Besuch des DDR-Kabarett-Museums im Schloss.

7 — Die Euthanasie-Gedenkstätte
Unnötiges Leben

Gerade einmal 14 Quadratmeter im Kellergeschoss des Gebäudes »Wilhelm Griesinger« erzählen die Geschichte von 9.385 Menschen, die zwischen November 1940 und August 1941 auf dem Gelände des heutigen Fachklinikums für Psychiatrie nach einem formlosen Beschluss Hitlers ermordet wurden. Die sogenannte »Aktion T4« sah im ersten Schritt vor, kranke und behinderte Menschen aus umliegenden Psychiatrie-Anstalten nach Arbeits- und Leistungsfähigkeit zu bewerten. Im zweiten Schritte sollten diejenigen, die als »unnötig kostenverursachendes« Leben identifizierten ausgelöscht werden. 75 Menschen wurden in der Gaskammer der Tötungsanstalt zeitgleich mit Kohlenmonoxid vergiftet. Anschließend wurden sie im Krematorium verbrannt oder ihre Leichen der medizinischen Wissenschaft zur Verfügung gestellt. Ein eigens beauftragtes Standesamt korrigierte die Sterberate öffentlichkeitswirksam nach unten. Die genauen Einsparungen eines Menschenlebens wurden später in geheimen Statistiken in Butter, Eier und Mehl umgerechnet.

Bernburg galt als eines von sechs Mordzentren des »Großdeutschen Reiches«. Bis 1943 wurden hier in einer zweiten Tötungsphase, der »Sonderbehandlung 14 f 13« über 5.000 Angehörige weiterer Häftlingsgruppen ermordet. Juden, Sinti und Roma, Homosexuelle und Zeugen Jehovas aus Konzentrationslagern wie Buchenwald, Sachsenhausen, Flossenbürg, Neuengamme und Ravensbrück verloren direkt nach der Ankunft ihr Leben.

Jahrzehntelang fand man zum Gedenken der Opfer nur eine einzelne Urne in den Räumlichkeiten der ehemaligen Gaskammer. Seit einer Umgestaltung im Jahr 1988 ist die Gedenkstätte öffentlich zugänglich und wird von Menschen aus der ganzen Welt aufgesucht. Die Gedenkstätte soll als Ort der Begegnung, der Besinnung und des Gesprächs verstanden werden. Ein Ort an dem eine aktive Auseinandersetzung mit der deutschen Geschichte, Gegenwart und Themen wie Ausgrenzung und Täterschaft ermöglicht wird.

Adresse Olga-Benario-Straße 16, 06406 Bernburg, Tel. 03471/319816, www.gedenkstaette-bernburg.de | **Anfahrt** Anfahrt A 14, Abfahrt Bernburg; in der Stadt Richtung Halle bis zur Ausschilderung des Fachkrankenhauses | **ÖPNV** von Magdeburg: über Calbe oder Güsten; von Halle: über Könnern oder Köthen | **Öffnungszeiten** Di–Do 9–16 Uhr, Fr 9–12 Uhr, jeden So im Monat 11–16 Uhr | **Tipp** Die Gaststätte Reiman mit Biergarten an der Saale und herrlichem Blick auf das Schloß Bernburg. An der Uferpromenade, 06406 Bernburg

8 Bitterfelder Bogen
Da muss keiner mehr einen Bogen drum machen

Um das Bitterfeld von heute zu beschreiben, muss man zurückblicken. 1974 veröffentlichte die Schriftstellerin Monika Maron in der »Wochenpost« eine Reportage über Bitterfeld. Sie beginnt mit den Sätzen: »In Bitterfeld steigt nur aus, wer aussteigen muss, wer hier wohnt oder arbeitet oder sonst hier zu tun hat. Die weiterfahren, sehen durch die Fenster ihres Zuges bedenklich oder betroffen in den Himmel über der Stadt, den diesigen, nebligen Himmel, den die Sonne nicht durchdringt, den Schornsteine durchbohren …« Dieser Zustand hielt bis 1990 an, als die maroden Chemiefabriken schließen mussten – ihre Sanierung wäre schon 50 Jahre früher fällig gewesen. Die Bilder und den Geruch von damals sollte man sich in Erinnerung rufen, wenn man verstehen will, was für ein epochaler Wandel in der Region Bitterfeld-Wolfen in den letzten Jahren stattgefunden hat.

Wenn Sie heute auf der höchsten Plattform des Bitterfelder Bogens stehen, der seit 2006 die bewaldete Hochkippe von Bitterfeld krönt, stört kein Industriesmog die Aussicht. Kein Stickoxid verätzt die Lungen. Die Luft ist klar. Sie schauen auf das Blau der Goitsche, auf Segel, die über das Wasser peitschen. Fast glaubt man, fröhliches Kindergeschrei vom Strand zu hören. Das alles war bis 1990 noch unvorstellbar.

Zumindest teilweise gelungen ist auch der Wandel der Region zu einem Zentrum der Technologie und Wissenschaft. Der Bitterfelder Bogen ist das Symbol für eine Region im Wandel. Geschaffen wurde er vom Künstler Claus Bury. Der Bogen ist 28 Meter hoch, 14 Meter breit und hat eine Länge von 81 Metern. Um bis nach ganz oben zu gelangen, muss man 540 Meter zurücklegen und dabei eine Steigung von 6 Grad überwinden. Das ist kein Problem, weil auf jeder Ebene eine Bank zum Ausruhen bereitsteht. Von da aus bietet sich im Sommer ein großartiger Ausblick auf echte blühende Landschaften (in der Natur).

Adresse Parkstraße, 06749 Bitterfeld-Wolfen | **Anfahrt** über die Parkstraße bis zum Parkplatz, dann weiter zu Fuß | **ÖPNV** Anrufbus Bestellung per SMS an Tel. 0174/3337314 oder Hotline Tel. 03494/3842200 | **Tipp** Für Fotofans ist der Besuch im Industrie- und Filmmuseum Wolfen (Agfa-ORWO) fast ein Muss.

BITTERFELD-WOLFEN

9 Der Pegelturm
Wer hoch hinaus will ... sollte schwindelfrei sein

Vertigo ist der medizinische Fachausdruck für Schwindel. Vertigo ist auch der Titel eines Hitchcock-Films, in dem James Stewart schon einen Schwindelanfall bekommt, wenn er nur ein Dach oder eine Treppe sieht. Den Aufstieg über die Wendeltreppe auf den Pegelturm hätte er vielleicht noch bewältigt, aber den Abstieg ... Nur ein Stahlseilnetz trennt den Besucher vom Abgrund. Keine Brüstung, nicht mal ein Sichtschutz, nichts. Der Blick geht geradewegs hinab auf das Wasser des Goitzschesees. Verführerisch sanft gleiten die Wellen ans Ufer, dabei weiß doch jeder, dass es zu Beton wird, wenn man aus 26 Metern Höhe daraufprallt. Und auch der Pegelturm selbst steht nicht mal fest, er schwimmt und bewegt sich irgendwie. Wahrscheinlich sind spätestens jetzt alle mit Höhenangst ausgestiegen. Kein Problem, bleiben Sie unten auf der Brücke, die zum Pegelturm führt, und beobachten Sie die Menschen, die sich überschätzt haben und jetzt auf halber Strecke weder vor noch zurück können. Aber fühlen Sie sich dabei nicht zu sicher. Die letzte Brücke wurde 2007 vom Sturm Kyrill einfach davongerissen.

Bis 1993 wurden hier Braunkohle und Bernstein gefördert. Bernstein, auch »die Tränen der Götter« genannt. Das Vorkommen war ergiebig. Die Götter müssen also viele Tränen vergossen haben. Wahrscheinlich alle beim Anblick der Mondlandschaft, die der Tagebau hinterlassen hatte. Die Götter würden auch heute weinen und diesmal vor Glück, wenn sie vom Pegelturm auf den Yachtclub schauten. Ein Yachtclub in Bitterfeld, ist das zu fassen?

1999 begann die Umsetzung des weltweit größten Landschaftskunstvorhabens. Ein 60 Quadratkilometer großes Braunkohle-Abbaugebiet wurde in wenigen Jahren in ein Naherholungs- und Naturschutzgebiet umgewandelt. Und die Stadt entwickelte sich vom schmutzigsten Ort Europas zu einer Region mit hohem Freizeitwert. Wer noch nicht an Wunder glaubt, sollte einfach mal nach Bitterfeld fahren.

Adresse Bernsteinweg, 06749 Bitterfeld-Wolfen, www.pegelturm.de | **Anfahrt** aus dem Norden über die B 100, von Süden über die B 183 oder B 100 | **ÖPNV** Bus 433a, Haltestelle Pegelturm/Parkplatz | **Öffnungszeiten** bei gutem Wetter tagsüber geöffnet | **Tipp** Der Kulturpalast in der Parsevalstraße 2 ist nicht weit entfernt. Dort wurde der »Bitterfelder Weg« beschlossen.

BLANKENBURG

10 Der Barockgarten
The King was amused

Blankenburg ist seit dem 18. Jahrhundert eine kleine Residenz der Herzöge zu Braunschweig-Lüneburg. Für uns Bürgerliche klingt Braunschweig-Lüneburg erst mal nicht so wahnsinnig spektakulär. Aber das Haus Braunschweig-Lüneburg gehört zum europäischen Hochadel; dieser Familie entstammt unter anderem Georg I., ab 1714 König von Großbritannien und Irland. Der Hochadel musste schon immer, aber besonders im Barock, neben einem repräsentativen Anwesen auch eine vorzeigbare Sommerfrische sein Eigen nennen, natürlich mit einem Park. Großflächige Gartenanlagen waren damals Teil des Selbstverständnisses der absolutistischen Fürsten. Mit Hilfe der gebändigten Natur drückten sie Macht und Wohlstand aus.

Im Barock verlief die Entwicklung von Architektur und Gartenkunst weitgehend parallel. Berühmte Gartenbauer und angesagte Architekten arbeiteten Hand in Hand bei der Bauplanung und Parkgestaltung. In Blankenburg entstand so eine kleine Lustgartenanlage mit einem fürstlichen Gartenhaus, dem heutigen Kleinen Schloss. Die Terrassen des Gartens wurden mit Vasen, Skulpturen und Brunnenanlagen gestaltet.

Wie jeder klassische Barockpark gliedert sich auch der Blankenburger in eine bestimmte Abfolge von Gartenbereichen. Da sind das Parterre, also die dem Schloss am nächsten gelegenen, ebenerdigen, meist sehr prächtigen Bereiche. Das Boskett ist der Hecken- und Niederwaldbereich des Barockgartens und begrenzt die Außenseiten des Parks. Von dort geht es in den sogenannten Wald mit Alleen und hohen Bäumen. Von 1930–1945 war Blankenburg sogar der herzogliche Hauptwohnsitz. Durch den Garten flanierte damals zum Beispiel Friederike Prinzessin von Hannover, die spätere Königin von Griechenland. Als »Bunte«-Leser wünscht man sich doch glatt 70 Jahre zurück. Aber man verlebt auch heute noch eine großartige Zeit im Barockgarten Blankenburg.

Adresse Schnappelberg 6, 38889 Blankenburg | **Anfahrt** von Quedlinburg über die B 79, B 6 und K 2356, ausreichend Parkplätze vorhanden | **ÖPNV** Bus 253, Haltestelle Oberer Schnappelberg | **Öffnungszeiten** April–Sept. 9–21 Uhr, Okt.–März 10–17 Uhr | **Tipp** Ein Besuch im Museum des Gartenschlosses lohnt sich auf jeden Fall.

11 Die Antiquariate
Was liest du?!

Mühlbeck liegt direkt an der Goitzsche, dem großen See und neuen Naherholungsgebiet bei Bitterfeld-Wolfen. Vor drei Jahrzehnten war das noch eine Region, in der schon Neugeborene Raucherhusten hatten. Heute sind es Luftkurorte an einem schönen See. Aber die Goitzsche ist nicht die Côte d'Azur, nicht ganz jedenfalls. Es gibt immer mal Tage, auch im Sommer, an denen es regnet. Nur ganz wenige, aber es gibt sie. Was machen Herr und Frau Goitzsche-Urlauber dann? Sie schwingen sich aufs Rad und fahren ins Buchdorf Mühlbeck-Friedersdorf zum Schmökern, was denn sonst?

1997 schlossen sich die Gemeinden Mühlbeck und Friedersdorf zum ersten Buchdorf Deutschlands zusammen. Buchdorf klingt gut. Wie oft hört man den Satz: Ach, ich müsste eigentlich viel mehr lesen. Ich komm nur nicht dazu! In Mühlbeck-Friedersdorf können Sie lesen, bis der Augenarzt kommt oder die Sonne über der Goitzsche wieder scheint.

In Mühlbeck-Friedersdorf gibt es keine Ausreden, sondern 15 Antiquariate. Die bieten zusammen über eine Million Bücher. Das sind eine Million Geschichten, mindestens eine Million Helden, zig Tausende glückliche Liebesgeschichten und noch viel mehr unglückliche.

Sie können Reisebücher, Fachliteratur, Sportbücher und Kindererzählungen kaufen. Bücher, die Sie schon immer mal lesen wollten. Bücher, bei denen Sie nicht im Traum daran dachten, die neu zu kaufen. Bücher, auf die Sie nur Lust haben, weil Urlaub ist, weil der Buchdeckel so schön bunt ist oder weil der kuriose Titel Sie anspringt. Titel wie zum Beispiel: »Zehn Tipps, das Morden zu beenden und mit dem Abwasch zu beginnen«, als Anregung für die Zeit, wenn man wieder zu Hause ist, oder: »Das kaputte Knie Gottes«. Wie heißt Gottes Orthopäde? Müller-Wohlfahrt? Lesen Sie nach! Und was erwartet Sie in »Drei Bauern auf dem Weg zum Tanz«? Eine Romanze mit Inka Bause? Finden Sie es heraus.

Adresse Dorfplatz, 06774 Muldestausee | **Anfahrt** über die B 100 und K 2053 | **ÖPNV** Bus 440 vom Busbahnhof Bitterfeld, Haltestelle zum Beispiel Muldestausee | **Öffnungszeiten** Die Dörfer sind immer offen, die Antiquariate zu den gängigen Geschäftszeiten. | **Tipp** Kaufen Sie viele Bücher und lesen Sie sie direkt an Ort und Stelle in einem Café.

12 Ortseingang
Aloha from Coswig!

Woran denken Sie als Erstes, wenn Sie Coswig hören? Na? An Hawaii natürlich! Mildes Tropenklima, das tosende Meer und jede Menge aktive Vulkane, das alles finden Sie in Coswig nicht. Trotzdem klingt bei offiziellen Anlässen auf Hawaii immer auch ein Stück Coswig mit. Der Komponist von »Hawai'i pono'î«, der Hymne von Hawaii, ist Heinrich August Wilhelm Berger. Und dieser Heinrich August Wilhelm Berger verbrachte seine Kindheit und Jugend in Coswig. Wer möchte, kann jetzt aufstehen und mitsingen: »Hawai'i pono'î, Nânâ i kou mô'î, Ka lani ali'i, Ke ali'i.« Den Refrain ruhig lauter: »Makua lani ê, Kamehameha ê, Na kaua e pale, Me ka ihe.« Der schöne Text stammt von keinem Geringeren als König David Kalâkaua. Unser Heinrich Berger lieferte dazu 1874 die Musik. Also genau 99 Jahre, bevor Elvis sein legendäres Live-Fernsehkonzert »Aloha from Hawaii« gab, aus dessen Anlass garantiert auch irgendwo die hawaiianische Hymne gespielt wurde. Hawaii, Coswig, Elvis: Die Erde ist nur ein Dorf und manchmal eine Kleinstadt in Sachsen-Anhalt ihr Mittelpunkt.

Der preußische König persönlich schickte Heinrich Berger auf Bitten seines hawaiianischen Amtsbruders auf die Inselgruppe. Dort formte der Coswiger aus der »Royal Hawaiian Band« das beliebteste Ensemble. Einige der besten hawaiianischen Musiker wurden in dieser Band ausgebildet. Heinrich Berger blieb bis 1915 ihr erfolgreicher Chef. Daneben übernahm er die musikalische Leitung des »Honolulu Amateur Dramatic Club« und war Dirigent des Symphonieorchesters von Honolulu. In Erinnerung bleibt Heinrich Berger als Musiker, der preußisch-österreichische Militärmusik und hawaiianische Traditionen zu einem eigenen Stil verband. Preußisch-österreichische Militärmusik plus hawaiianische Rhythmen? Das könnte auch der Sound in einem Berliner Szeneclub werden.

Heinrich Berger, Weltmusiker aus Coswig.

Adresse 06869 Coswig (Anhalt) | **Anfahrt** über die B 107 oder B 187 | **ÖPNV** mit dem Zug über die Bahnstrecke Roßlau–Falkenberg/Elster, Haltestelle Coswig Hauptbahnhof | **Tipp** Wer Flüsse mag, sollte mit der Gierseilfähre die Elbe in Coswig überqueren.

COSWIG (ANHALT)

13 Das Simonetti-Haus
Alles Schöne kommt von oben

Mieter oder Eigentümer von sanierten Altbauwohnungen werden in der Regel beneidet. Sie protzen gerne mit Fischgrätparkett und einer Deckenhöhe von 3,5 oder was weiß ich wie vielen Metern. Aber wer so richtig auf die Kacke hauen will, hängt an diese beeindruckende Zahl noch den Zusatz: mit originalem Stuck verziert! Meistens handelt es sich dabei um irgendwelche Rosetten. Ganz nett, sicher. Bestimmt auch dekorativ, aber wenn wir wirklich Stuck sehen wollen, dann besuchen wir das »Simonetti-Haus« in Coswig. Wer diese Barockdecken gesehen hat, weiß, was Stuck tatsächlich bedeutet. Plastisch werden hier Helden- und Göttergeschichten der griechischen Mythologie erzählt. Dort bei den alten Helenen hat die Kunst des Stuckierens auch ihren Ursprung. Erst in der italienischen Renaissance wurde sie wiederentdeckt.

Ihre Blüte erlebte die Stuckierkunst im Barock. In dieser Zeit arbeiten italienische Stuckateurmeister in ganz Europa. Der in der Schweiz geborene Giovanni Simonetti, Namensgeber für das Coswiger Haus, war ab 1670 auch in Anhalt beschäftigt. Er wurde unter anderem Hofbaumeister am Anhalt-Zerbster Fürstenhof. Simonetti fertigte auch prachtvolle Stuckdecken für das Zerbster Schloss. Die spätere russische Zarin Katharina die Große lebte einige Jahre unter diesen schönen Decken.

Das zweigeschossige Fachwerkhaus mit bauzeitlich typischem Walmdach wurde 1699 als Adelssitz für Freiherrn von Meder errichtet. Dieser feine Herr ließ einen sogenannten Feuerherd aufstellen, um Silber in Gold umzuwandeln. Überraschenderweise hat das nicht geklappt. Zum Glück hatte er trotzdem genug Geld, um damit die Stuckarbeit von Giovanni Simonetti zu bezahlen. Über 300 Jahre später strahlen die Decken heute wieder in neuem Glanz. Ein eigens gegründeter Verein ist für die Restaurierung und den Erhalt dieses prachtvollen Barockerbes verantwortlich. Vielen Dank dafür.

Adresse Zerbster Straße 40, 06869 Coswig (Anhalt), www.simonettihaus.de | **Anfahrt** über die B 107 oder B 187 | **ÖPNV** mit dem Zug bis zum Hauptbahnhof Coswig, dann mit dem Taxi | **Öffnungszeiten** nach Vereinbarung, Tel. 034903/499223 | **Tipp** Sehenswert ist auch der Gründerzeit-Tanzsaal direkt hinter dem Simonetti-Haus.

DESSAU-ROSSLAU

14 Das Bauhauscafé
Die Insel

Bauhauscafé? Geht's hier etwa um die Kantine vom Baumarkt? Nicht ganz, die Rede ist vom Café im Keller des ehemaligen Schulgebäudes für die Kunst-, Design- und Architekturschule Bauhaus. Der beeindruckende Titel gibt auch gleich den Einrichtungsstil vor: klassisch modern, Bauhaus eben. Mir hat das Café schon beim ersten Besuch außerordentlich gut gefallen, ohne dass ich genau hätte sagen können, was mir so gut gefallen hat. Die typische Einrichtung? Der Milchkaffee? Die nette Bedienung? Erst am Ende meiner Reise, nachdem ich mehr als diese 111 Orte gesehen und erlebt hatte, war mir klar, was das Besondere am Bauhauscafé ist: Es ist die Atmosphäre. Im Bauhauscafé begegnen sich Menschen aus der ganzen Welt. Studenten, Lehrer, Kunst- und Architekturbegeisterte aus aller Herren Länder sitzen hier am Tisch, zischen eine Bionade und lassen die Eindrücke auf sich wirken. Das Bauhauscafé ist ein Schmelztiegel – zwar ein kleiner, aber für Dessau und auch für den Rest von Sachsen-Anhalt ein ziemlich einmaliger. Ich denke, ich beleidige niemanden, wenn ich sage, Dessau ist keine Metropole. Und auch die Landeshauptstadt Magdeburg ist gefühlt weiter von Berlin entfernt als die 160 Kilometer über die Autobahn. Wenn Sie aber keine Lust haben, nach Berlin zu fahren, Ihnen London zu teuer und New York zu weit weg ist, gehen Sie für zwei Stunden ins Bauhauscafé Dessau. Da gibt's zum Bier einen Hauch von Weltstadt.

Vom Café im Keller des berühmten Hauses, sozusagen am Schnittpunkt von Fest- und Ausstellungsebene, von Werkstatträumen und Straße, kann man in die verschiedenen Ausstellungen starten oder sich nach der Besichtigung der Meisterhäuser stärken. Und wer gar keine Lust auf Kunst und Kultur hat, lauscht einfach den verschiedenen Sprachen. Mit geschlossenen Augen und ein paar Gläsern Wein im Blut fühlt man sich fast wie in Harry's Bar. Prost!

Adresse Bauhaus Dessau, Gropiusallee 38, 06846 Dessau-Roßlau, www.klubimbauhaus.de | **Anfahrt** A 9, Abfahrt Dessau-Ost auf die B 185 | **ÖPNV** Bus 10, Haltestelle Bauhausplatz | **Öffnungszeiten** Mo – Sa 8 – 24 Uhr, So 8 – 18 Uhr | **Tipp** Ganz in der Nähe finden Sie die sehr lohnenswerte Anhaltische Gemäldegalerie im Georgium.

DESSAU-ROSSLAU

15 Das Kandinsky- und Klee-Meisterhaus

Tür an Tür mit Wassily

Biegt man in die Ebertallee ein, schimmern zwischen den Kiefern schon weiße Häuserfassaden durch. Sie gehören zu den fünf verbliebenen Häusern, die nach Plänen von Walter Gropius für die ersten Meister des Bauhauses errichtet wurden. Noch heute, bald 90 Jahre nachdem sie bezogen wurden, wirken die Baudenkmäler sehr modern im Vergleich zu den übrigen Häusern im beschaulichen Stadtteil Ziebigk. Walter Gropius selbst umschrieb 1930 seine Vorstellung von Architektur so: »… die Baugestalt ist nicht um ihrer selbst willen da, sie entspringt allein aus dem Wesen des Baues, aus einer Funktion, die er erfüllen soll.« Und in einem Wohnhaus sind das nun mal die Funktionen des Wohnens, Schlafens, Badens, Kochens und Essens. Für die Meisterhäuser kam noch die Funktion des Arbeitens hinzu. In den großen und hellen Ateliers des Doppelhauses Kandinsky/Klee konnten sich die Kreativen voll ausleben. Die Nachbarschaft von Paul Klee zu Wassily Kandinsky war nicht zufällig gewählt. Die beiden Künstler waren echte Freunde. Legendär waren ihre gemeinsamen Silvesterpartys. Wie muss man sich so eine Künstlerparty vorstellen? Hemmungslos und rauschhaft? Hatten Kandinsky und Klee die Nasen voll Koks und die Gläser mit Absinth gefüllt? Oder knabberten sie spießig an Salzstangen, bis die Uhr endlich zwölf schlug? Wir wissen es nicht. Vor dem Fernseher mussten sie sich jedenfalls nicht langweilen. Der war noch nicht erfunden.

Bei der Farbgestaltung und der Einrichtung ihrer Häuser waren sich beide Künstler ähnlich. Wassily Kandinsky richtete sein Wohnzimmer zum Beispiel nur mit alten oder nicht aus dem Bauhaus stammenden Möbeln ein. Kandinsky und Klee schufen mit ihren Ideen einen eigenen kreativen Raum, einen Ausdruck ihrer Individualität in der kühlen Strenge des Bauhausstils.

Adresse Ebertallee 63–71, 06846 Dessau-Roßlau, www.bauhaus-de.de | **Anfahrt** A 9, Abfahrt Dessau-Ost auf die B 185, vom Zentrum kommend über die Puschkinallee geradeaus auf die Ebertallee | **ÖPNV** Bus 10, Haltestelle Ebertallee | **Öffnungszeiten** täglich Nov.–März 11–17 Uhr, April–Okt. 10–17 Uhr | **Tipp** Im Technikmuseum Hugo Junkers erfahren Sie alles über den berühmten Flugzeugbauer.

16 Das Kornhaus

Der perfekte Abschluss für einen Bauhaus-Tag

Im sehr beliebten Ausflugslokal am Bogen der Elbe wird auch Hochprozentiges serviert, aber der Name Kornhaus leitet sich nicht von der alkoholischen Leidenschaft seiner Betreiber ab, sondern geht auf einen Getreidespeicher zurück, der dort im 18. Jahrhundert stand. Heute klettern hier die Touristen aus den Ausflugsbooten. Vom Wasser aus sehen sie dann einen Flachbau mit einer kreisförmigen Veranda an der Westseite. Diese Veranda wirkt durch die Rundumverglasung dabei so luftig, als würde sie knapp über dem saftigen Gras des Elbdammes schweben.

Das Kornhaus verfügt über zwei Etagen, die man erkennt, wenn man das Lokal von der Straße aus betritt. Das komplette Ensemble passt sich perfekt der Landschaft an.

Errichtet wurde es 1930 nach den Entwürfen von Carl Fieger, einem engen Mitarbeiter des Bauhausleiters Walter Gropius. Das Kornhaus ist ein typischer Bauhausbau. Der Klassischen Moderne verpflichtet, leitet sich die Architektur aus seiner Funktionalität ab. Alle Räume sind um die zentrale Küche organisiert. Das ist die nüchterne Beschreibung eines sehr sinnlichen Ortes.

Nehmen Sie einmal bei schönem Wetter auf der Außenterrasse Platz. Die Sonne wird Sie wärmen, während der ewige Strom der Elbe träge dahinfließt. Ein kurzer Blick unter den Tisch bringt Sie sofort wieder in die Realität zurück. Jede Menge muskulöse nackte Radlerwaden. Das Kornhaus ist eine gern genutzte Raststätte auf dem Radwanderweg entlang der Elbe. Deshalb kann es sein, dass alle Tische draußen besetzt sind. Das ist kein Grund, sich zu ärgern. Im Gegenteil – der schönste Platz ist drinnen im Raum, der auf die Veranda ausläuft. Die Veranda erinnert nicht nur an eine Schiffsbrücke. Sie fühlen sich auch wie der Kapitän eines stolzen Elbkahns, wenn Sie von dort auf das Wasser blicken.

Also, Leinen los und volle Kraft voraus! Nächster Hafen Kornhaus Dessau.

Adresse Kornhausstraße 146, 06846 Dessau-Roßlau, www.kornhaus-dessau.de | **Anfahrt** vom Zentrum kommend über die Puschkinallee rechts auf die Kornhausstraße, mit dem Fahrrad auf dem Elberadweg | **ÖPNV** Bus 10, Haltestelle Kornhaus, Schiff bis Haltestelle Kornhaus | **Öffnungszeiten** Jan. und Feb. Mi–So ab 12 Uhr, ab März ab 11 Uhr | **Tipp** Wenn Sie schon einmal da sind, machen Sie doch gleich eine Wanderung am idyllischen Elbufer entlang.

17 Das Mendelssohn-Museum
»Nathan der Weise«

»Wahrheit erkennen, Schönheit lieben, Gutes wollen, das Beste tun.« Das war die Lebensmaxime von Moses Mendelssohn, dessen Leben und Schaffen sich eine Ausstellung in Dessau-Roßlau-Süd widmet. Das Haus gehört zur Gropiussiedlung und damit zum Bauhauserbe der Stadt Dessau. Der Begründer der jüdischen Aufklärung wurde am 6. September 1729 in Dessau geboren, als jüngstes Kind eines Lehrers der jüdischen Gemeinde. Mendelssohns Kindheit war arm an materiellen Dingen, aber reich an Bildung. Seine Mutter stammte aus einer alten jüdischen Familie, aus der bedeutende Gelehrte hervorgegangen waren. Beim kleinen Moses fiel früh seine Hochbegabung auf. Mit 14 folgte er seinem Lehrer nach Berlin – und zwar zu Fuß über fünf Tage. Der Junge wollte wirklich lernen! Neben dem religiösen Studium in Berlin las Mendelssohn den englischen Frühaufklärer John Locke und wurde bald selbst zum Aufklärer.

Die Bekanntschaft mit Gotthold Ephraim Lessing brachte ihn zum Verleger Nicolai. In dessen Literaturzeitschrift wurde Mendelssohn der einflussreichste Literaturkritiker Deutschlands seiner Zeit. 1763 gewann er mit einem philosophischen Aufsatz den ersten Preis der »Königlichen Academie«. Er ließ dabei einen gewissen Immanuel Kant hinter sich. Mendelssohn war nun ein öffentlich anerkannter Denker. Die Popularität hatte aber auch Schattenseiten. Mendelssohn wurde in eine öffentliche Diskussion über das Christentum hineingezogen. Eine heikle Angelegenheit für Mendelssohn, die christlichen Eiferer seiner Zeit hatten die Toleranz der afghanischen Taliban von heute. Mendelssohn meisterte die Auseinandersetzung gewohnt brillant, doch die Anstrengung ruinierte seine Gesundheit. Mendelssohn starb 1786 als bedeutender Philosoph und kluger Kämpfer für die Rechte der jüdischen Minderheit. Sein Freund Lessing nahm ihn zum Vorbild und setzte ihm in »Nathan der Weise« ein ewiges Denkmal.

Adresse Mittelring 38, 06849 Dessau-Roßlau, www.mendelsohn-dessau.de | **Anfahrt** mit dem Pkw stadtauswärts über die Heidestraße, links über die Damaschkestraße, wieder links auf den Mittelring | **ÖPNV** Straßenbahn 1, Haltestelle Damaschkestraße / Südschwimmhalle | **Öffnungszeiten** März–Okt. täglich 10–17 Uhr; Nov.–Feb. Mo–Fr 10–16 Uhr, Sa, So 13–16 Uhr | **Tipp** Nehmen Sie sich etwas Zeit und lesen Sie in den ausliegenden Büchern.

18 Das Naturbad Mosigkau

Wer will schon nach Malle?!

Warum sollte jemand ein kleines Freibad in einem Vorort von Dessau besuchen? Ganz einfach: Weil es schön ist, eben weil es klein ist und weil es trotzdem alles hat, um einen perfekten Badetag mit seiner Familie zu verbringen. Das Naturbad Mosigkau ist ein Kinderparadies. Ich weiß, wovon ich rede. Dort habe ich das Schwimmen gelernt, Würstchen gegessen und vom Steg aus Wasser-Hasche gespielt. Ich habe dort alles gemacht, was aus langen Sommerferien eine spannende Zeit zaubert. Ohne Sonnencreme, mit wenig Geld und dafür jeder Menge Spaß.

Das Naturbad wird vom Libbesdorfer Dorfgraben gespeist. Sein Wasser trieb ab dem 14. Jahrhundert eine Mühle an. Reste der Mühle sind noch zu bewundern. Im 16. Jahrhundert wurde aus dem Mühlteich ein herzoglicher Fischteich. Wahrscheinlich durften zu jener Zeit nur adlige Fische, also echte Blaublüter, geangelt werden. Eine Forelle Blau ist demnach nicht nur einfach eine Forelle, sondern eine von und zu Forelle. Also benehmen Sie sich entsprechend, wenn Sie das nächste Mal Ihr Fischmesser in so eine Forelle stechen.

1933 hatten die Nazis die Macht auch in Mosigkau übernommen. Ehemals Arbeitslose wurden zum Arbeitsdienst verpflichtet. Und dieser staatlich finanzierte Arbeitsdienst machte innerhalb eines Jahres aus einem verschlammten Fischteich das Naturbad. Am 3. Juni 1934 wurde es zur großen Freude der Mosigkauer feierlich eröffnet. Die Freude wäre sicherlich ausgeblieben, wenn die Feiernden gewusst hätten, dass viele der fleißigen Arbeitsdienstler nur wenige Jahre später auf den Schlachtfeldern des Zweiten Weltkriegs fallen würden.

Das Naturbad selbst war immer ein lebendiger Ort. Seit 1997 wird es mit großem Engagement vom Verein Naturbad e.V. geführt. Die Umkleidekabinen sind sauber, und die Wasserqualität ist seit Jahren konstant gut. Gönnen Sie sich den Badespaß mit einem geliehenen, gut aufgepumpten Traktorschlauch!

Adresse Prödelweg 1a, 06847 Dessau-Roßlau-Mosigkau, www.naturbad-mosigkau.jimdo.com | **Anfahrt** über die B 185 Richtung Köthen, hinter Ortsausgang Mosigkau links | **Öffnungszeiten** Öffnungszeiten nach aktueller Wetterlage bis 19 Uhr, Badesaison bis 15. Sept. | **Tipp** Am dritten Adventswochenende hat sich auf der gepflegten Anlage ein liebevoll gestalteter Weihnachtsmarkt etabliert. Unbedingt vorbeifahren, Schlittschuhlaufen und danach bei einem Glühwein vom nächsten Sommer träumen.

DESSAU-ROSSLAU

19 — Der Rehsumpf
Geheimtipp für heiße Sommertage

Um zu dem kleinen, aber ganz feinen Badesee zu gelangen, nimmt man die Abzweigung zur Wasserstadt und folgt der Alten Mildenseer Straße bis zum Hinweisschild. Ein schmaler Weg führt dann von hohen Bäumen gesäumt zu einem großen Haus. Es ist die Gaststätte »Rehsumpf«, die seit einiger Zeit auf einen neuen Pächter wartet. Öffnen Sie das schmiedeeiserne Tor, gehen Sie ein paar Schritte und schauen Sie sich um. Achtung, es könnte sein, dass Sie nun beschließen, selbst die Kneipe zu pachten. Der Rehsumpf verzaubert nämlich seine Besucher. Mit einem uralten Baumbestand, den historischen Kabinen und einem Freibad inmitten einer idyllischen Flusslandschaft.

Schon 1904 gründete sich hier der erste Schwimmverein. Und eigentlich hat man das Gefühl, als wäre seitdem kaum ein Jahr vergangen. Niemanden würde es überraschen, wenn aus einer der blau-weißen Kabinen ein Herr im gestreiften Ganzkörperbadeanzug treten würde, der seinen Bart zwirbelt, um dann mit einer Arschbombe ins Wasser zu hüpfen. Der Rehsumpf wirkt völlig aus der Zeit gefallen, ist tatsächlich aber ein ganz gegenwärtiger Ort. Sie können im Sommer baden und dazu auch noch eine Kabine mieten. In einigen Kabinen kann man sogar am Wochenende bequem übernachten. Das Freibad Rehsumpf wird von der SG Abus Dessau geführt. Für Mitglieder kostet die Nutzung einer Kabine schlappe 100 Euro im Jahr. Der Verein freut sich über jedes neue Mitglied.

Bis zur Enteignung seiner Fabrik 1933 durch die Nazis war der Flugzeugbaupionier Hugo Junkers Mieter einer Badekabine. Der Mann hatte zwölf Kinder; es muss eine sehr große Kabine gewesen sein. In der DDR war die Badeanstalt beliebter Treffpunkt der Dessauer. Heute ist es ziemlich ruhig am Rehsumpf. Perfekt, um fast meditativ in schöner Natur zu schwimmen und zu angeln. Oder um die ganze Anlage zu mieten und es bei einer Party richtig krachen zu lassen.

Adresse Alte Mildenseer Straße, 06844 Dessau-Roßlau-Waldersee, www.rehsumpf.net | **Anfahrt** mit dem Pkw durch die Wasserstadt Richtung Jonitzer Brücke | **ÖPNV** Bus 14, 15, Haltestelle Rehsumpf | **Öffnungszeiten** Mai–Sept. | **Tipp** Wenn Sie einen Angelschein besitzen, können Sie hier in wunderbarer Atmosphäre Ihre Rute auswerfen.

20 — Der Schlosspark Mosigkau
Wer Gärten mag, wird Mosigkau lieben

Der Park von Schloss Mosigkau ist im Sommer einer der schönsten Orte in Sachsen-Anhalt. Blumenbeete, die in den Farben des Sommers leuchten, an den Wegen aufgereihte exotische und zum Teil schon jahrhundertealte Kübelpflanzen. Ein Fischteich, auf dem Seerosen blühen, dazu ein Irrgarten, in dem man nicht verloren gehen, aber träumen kann. Jahrhunderte gehörte dieser wunderbare Platz nur ein paar hochadligen Fräuleins.

Am 7. August 1779 unterzeichnete Anna Wilhelmine Prinzessin von Anhalt-Dessau nicht die Adoptionsurkunde für einen Vorfahren des verhaltensauffälligen Ehemanns von Zsa Zsa Gabor, sondern ihren letzten Willen. Danach sollte mit ihrem Ableben das ganze Vermögen, inklusive Schloss Mosigkau, in ein Stift für unverheiratete hochadlige Damen übergehen.

Im Auftrag der Prinzessin war im Herzen des Dorfs Mosigkau ab 1752 ein prächtiges Rokokoschloss entstanden. Das Schloss war von Anfang an als reiner Frauenhaushalt konzipiert. Männliche Gäste durften im angrenzenden Pavillon nächtigen. Nach dem Tod von Anna Wilhelmine zogen 1780 die ersten hochadligen Fräuleins ins Schloss Mosigkau ein. Schon im Alter von vier Jahren konnten Mädchen im Stift angemeldet werden. Es war eine Art lebenslange Altersabsicherung für die heranwachsenden Frauen. Die Liebesheirat war noch nicht erfunden. Ehen wurden arrangiert und nur geschlossen, wenn die Braut eine gute Aussteuer mitbrachte. Fehlte dafür das Geld, ging's für die Fräuleins, wenn sie Glück hatten, in das Stift Mosigkau.

Dort mussten die Fräuleins eigentlich nur noch darauf achten, beim Seerosenpflücken nicht in den Teich zu plumpsen. Ja, das Leben eines hochadligen Fräuleins steckte voller Gefahren. Hatten sie eines Tages ihr aufregendes Leben beschlossen, wurden sie auf dem romantischen Stiftsfriedhof beigesetzt. Anna Maria von Lettow-Vorbeck fand dort 1968 als letzte Stiftsdame ihre Ruhestätte.

Adresse Knobelsdorffallee 2, 06847 Dessau-Roßlau-Mosigkau, www.gartenreich.com/de/besuchen/schloeser-und-gaerten/mosigkau | **ÖPNV** von Köthen oder Dessau mit dem Nahverkehrszug, Haltestelle Bahnhof Mosigkau | **Öffnungszeiten** März–April Sa, So und Feiertage 10–17 Uhr, Mai–7. Okt. Di–So und Feiertage 10–17 Uhr, 8. Okt.–31.Okt. Sa, So und Feiertage 10–17 Uhr | **Tipp** Eine Führung durch die Gemäldesammlung im Museum Schloss Mosigkau sollten Sie sich nicht entgehen lassen.

21 Das Stahlhaus

Es kommt drauf an, was man daraus macht

Wem haben wir die DDR-Plattenbauten zu verdanken? Walter Ulbricht? Nein. Erich Honecker? Auch nicht. Lassen Sie bitte das Bild einer Platte vor Ihrem inneren Auge entstehen. So, jetzt kommen Sie drauf, es ist … Leonardo da Vinci. Natürlich, wer sonst?! Da Vinci entwickelte schon 1516 die Idee zum Bau von Häusern aus vorgefertigten Teilen. Der französische König wollte damals eine neue Stadt entstehen lassen. Leonardo da Vincis Pläne wurden nicht realisiert. Vielleicht weil seine Stadt ausgesehen hätte wie Hoyerswerda-Neustadt, ich weiß es nicht.

Erst im 20. Jahrhundert erlebte die Idee der Fertigteilhäuser in Deutschland eine Wiedergeburt. Grund war die extreme Wohnungsknappheit nach dem Ersten Weltkrieg. Um dieses Problem zu lösen, musste der Wohnungsbau rationalisiert werden. Neben Plänen für Häuser aus herkömmlichem Material experimentierten die Bauhaus-Architekten auch mit ungewöhnlichen Baustoffen. Gropius errichtete in Stuttgart zum Beispiel ein Haus aus Asbestplatten. Georg Muche und Richard Paulick schufen 1926/27 in Dessau-Törten ein Haus aus Stahl. Von innen ist es hintermauert. Es gibt einen Wohnraum, drei Schlafräume, eine Wohnküche, ein Bad und eine Waschküche, einen Abstellraum und ein WC. Wenn man dazu noch die großen Fenster nimmt, klingt das wirklich super. Aber schon nach kurzer Zeit zeigten sich die Nachteile der Stahlbauweise. Im Sommer heizte die Sonne das Haus auf, im Winter wurde es nicht warm. Dazu fing die Konstruktion an zu rosten. Die Probleme waren so groß, dass es bei dem einen Haus aus Stahl in Deutschland blieb.

Trotz der baulichen Mängel stand das Haus nie leer. Erst Ende der 1980er Jahre verkauften die Eigentümer das Unikat an die Stiftung Bauhaus. Bedingung für den Verkauf war allerdings ihr garantierter Umzug in eine wirklich komfortable Wohnung. Die Familie zog in eine schöne Platte.

Adresse Südstraße 5, 06849 Dessau-Roßlau, www.bauhaus-dessau.de | **Anfahrt** mit dem Pkw stadtauswärts über die Heidestraße, links in die Grenzstraße, dann wieder links | **ÖPNV** Straßenbahn 1, Haltestelle Damaschkestraße / Südschwimmhalle | **Öffnungszeiten** April–Okt. täglich 15.30 Uhr, Feb., März und Nov. Di–So 15.30 Uhr | **Tipp** Besichtigen Sie die Laubenganghäuser in der nahen Bauhaussiedlung.

DESSAU-ROSSLAU

22 — Das Zyklon-B-Mahnmal
Wir erinnern uns

Dessau ist die Heimat von Bauhaus und dem Dessau-Wörlitzer Gartenreich. Zwei großartige, aber ganz unterschiedliche Denkmäler, die eins gemeinsam haben: den Titel »Weltkulturerbe«. Die UNESCO verleiht diesen Titel an Stätten, »die sich aufgrund ihrer Einzigartigkeit und ihrer Authentizität dafür qualifizieren«. Dessau ist ein weltweit anerkannter Ort der Kultur.

Dessau ist auch ein Ort des systematischen Massenmords an Abertausenden von Juden, Russen, Polen, Sinti und Roma, Homosexuellen und Andersdenkenden. Die »Dessauer Werke für Zucker und chemische Industrie«, von den Dessauern kurz »Fine« genannt, waren der Hauptproduzent von Zyklon B. In den Gaskammern von Auschwitz starben durch das Giftgas 900.000 Menschen. Zwei Drittel des Giftgases stammten aus Dessau.

Ursprünglich wurde Zyklon B zur Schädlingsbekämpfung entwickelt. Im Zweiten Weltkrieg nutzte man es vor allem zum Kampf gegen die Kleiderlaus, den Überträger des Fleckfiebers. Dies sollte sich ändern, als SS-Hauptsturmführer Karl Fritzsch in Auschwitz erkennen musste, dass selbst ein skrupelloser Mörder wie er nur eine begrenzte Anzahl von Menschen jeden Tag erschlagen und erschießen kann. Im Spätsommer 1941 trieb er 600 sowjetische Kriegsgefangene und 250 polnische Häftlinge in einen Keller und ließ an ihnen das Schädlingsbekämpfungsmittel Zyklon B testen. Karl Fritzsch war mit dem Ergebnis zufrieden. Er hatte in nur einer Nacht 850 Menschen getötet. Er rühmte sich seit diesem Tag als der »Erfinder der Zyklon-B-Methode«. Nach dieser »Methode« sollten bis zur Befreiung von Auschwitz am 27. Januar 1945 noch viele Hunderttausende qualvoll ersticken.

Dessau ist heute auch ein Ort des Gedenkens. Auf der Brauereibrücke gestaltete die Designerin Sandra Scheer in Zusammenarbeit mit der Forschungsgruppe Zyklon-B diesen Mahnpunkt. Von dort sieht man direkt auf die ehemalige Produktionsstätte des Giftgases.

Adresse Brauereibrücke, Askanische Straße, 06844 Dessau. Sie finden es stadtauswärts am linken Brückengeländer. | **Anfahrt** über die Askanische Straße Richtung Dessau-Roßlau-Alten

23 Der Bibelturm
Dem Himmel so nah ...

Als der russische Fürst Putiatin nach Wörlitz kam, stand er vor der Kirche St. Petri, blickte zu ihrem mächtigen Kirchturm hinauf und rief: »Ja, du bist der Wegweiser zum Himmel, ein Wunder der Zeit und der Kunst!« Ein Wunder der Baukunst ist der heutige Bibelturm auf jeden Fall. Aber auch ein Wegweiser zum Himmel? Seit ewiger Zeit werden die Menschen von der Frage umgetrieben: Gibt es einen Himmel? Und wenn ja, wie komme ich hinein?

In Wörlitz lautet die Frage: Wie komme ich hinauf? Der Himmel wartet in der ehemaligen Türmerwohnung des Kirchturms – zumindest die Dauerausstellung mit dem Titel: »Zwischen Himmel und Erde«. Auf drei Etagen eröffnet sie den Besuchern religiöse und biblische Perspektiven auf das Thema Himmel. Die religiöse Auseinandersetzung damit ist in einem Kirchturm nicht weiter überraschend. Aber die Ausstellung bietet auch Denkanstöße für naturwissenschaftliche oder philosophische Betrachtungen des Begriffs »Himmel«. Zudem soll der 66 Meter hohe Turm, neben dem intellektuellen Kick, den Schwebezustand zwischen Himmel und Erde körperlich erfahrbar machen. Von der Aussichtsebene des Turmes hat man einen einzigartigen Blick über den gesamten Wörlitzer Park.

Unten auf der Kanzel predigte schon Martin Luther vor anhaltischen Fürsten. Die Predigt war wohl sehr inspirierend, denn ein Nachfahre, Fürst Leopold III. von Anhalt, schuf aus Feldern und Wiesen ein Weltkulturerbe, das Dessau-Wörlitzer Gartenreich. Im Zuge dieser Landschaftsgestaltung bekamen die 800 Jahre alte Petrikirche und ihr Bibelturm das neogotische Gesicht.

Im Bibelturm findet man heute Zettel an der Wand, die Gäste hinterlassen haben. Man liest allgemeine Bitten nach Weltfrieden und spezielle, wie die von Kim. Kim wünscht sich nichts sehnlicher von Gott als einen Hund. Wenn sie den inzwischen hat, würde das bedeuten, dass es Gott gibt. Oder?

Adresse Kirchgasse 34, 06786 Oranienbaum-Wörlitz, www.bibelturm.de | **Anfahrt** mit dem Pkw über die A 9 Abfahrt Vockerode | **ÖPNV** ab Dessau-Hauptbahnhof mit der Dessau-Wörlitzer Eisenbahn, Haltestelle Bahnhof Wörlitz | **Öffnungszeiten** 1. April–15. Okt. Di–Sa 11–17 Uhr, So 12–17 Uhr | **Tipp** Wer barocke Kirchen mag, findet sein Glück in der Stadtkirche von Oranienbaum.

24 Der Drehberg
Olympia aufm Dorf

Zwischen Vockerode und Wörlitz liegt – eigentlich nicht viel. Felder, Wiesen, ein paar Gehöfte ... aber dazwischen ein in Deutschland wohl einmaliges Kulturdenkmal, der Drehberg. Hier auf dem Drehberg fanden zwischen 1777 und 1799 Wettkämpfe für das ganze Volk nach antikem Vorbild statt. Immer am Geburtstag seiner Frau lud Fürst Franz von Anhalt Freunde, Künstler, Philosophen und eben das einfache Landvolk zur »Lust am Drehberg« ein. Dieser Tag sollte wie in »einem Gesellschaftsspiel ein Stück zukünftiges Leben in vollendeter Harmonie« sein. Fürst und Fürstin gaben dafür sogar ihre Rolle als Herrscher auf und waren Gleiche unter Gleichen. Oder wollten es zumindest sein. Es fällt schwer, sich vorzustellen, wie eine plumpe Magd zur Fürstin sagt: »Geiles Kleid! Von Kik?«

Aber schon allein die Idee zum klassen- und schrankenlosen Spiel war zwölf Jahre vor dem Sturm auf die Bastille revolutionär. Die Anregung dazu holte sich das Fürstenpaar vom Philosophen Rousseau. Und der sagte schon: »Der Charakter offenbart sich nicht an großen Taten; an Kleinigkeiten zeigt sich die Natur des Menschen.« Demnach hatten Fürst und Fürstin eine gute Natur. Aber auch gute Naturen müssen einmal sterben, und für diesen Fall war auf dem Drehberg von J.F.W. von Erdmannsdorff ein Grabmonument für die Fürstenfamilie errichtet worden. Doch das schöne Monument wurde nie zu einer Familiengruft, es war dafür zu feucht. Fürst und Fürstin setzte man in der Jonitzer Kirche bei. Das Grabmonument wurde 1826 abgerissen. Am Drehberg selbst blieben nur der aufgeschüttete Berg und die Wälle um ihn herum zurück. Die Volksolympiade fiel aus, die Idee ging verloren. Erst 1989 entdeckten Schüler des Dessauer Gymnasiums Philanthropinum den Drehberg als Wettkampfort für sich wieder. Darüber hinaus versucht man, durch Kunstaktionen dieses Denkmal wieder in einen sinngebenden Ort zu verwandeln.

Adresse an der L 133, zwischen 06785 Griesen und Vockerode | **Anfahrt** Der Drehberg liegt Richtung Vockerode rechts bei einem Gehöft. | **Tipp** Niemand sollte die Region verlassen, ohne Schloss und Garten Luisium gesehen zu haben.

DESSAU-WÖRLITZ

25 Flora- und Venustempel
Echte Aufklärung

Wenn Sie bei einem Spaziergang durch den Park die schönen Blüten am Floratempel bewundern, die da so hübsch in einem Beet in den Rasen wachsen, dann treten Sie doch bitte einen Schritt zurück. Und dann richten Sie Ihr Augenmerk auf die Form des Beetes. Schauen Sie es sich ganz in Ruhe an. Was erkennen Sie? Na? Genau, einen Penis, einen großen, erigierten Phallus.

Hier hat sich kein zeigefreudiger Gärtner einen Scherz erlaubt. Der Blütenphallus war von Anfang an Bestandteil des Landschaftspark-Konzepts. Der Floratempel wurde 1797/98 nach Plänen von Erdmannsdorff erbaut. Wie der ganze Park ist er inspiriert vom Geist der Aufklärung. Diese philosophische Geistesbewegung richtet sich in erster Linie an die Vernunft. Ein Teil ihrer Anhänger hatte darüber hinaus ein Menschenbild entworfen, das in der Sexualität einen wesentlichen Antrieb für das menschliche Handeln sah. Ein Blick auf das Blumenbeet genügt, und Sie wissen, zu welchem Teil der Aufklärung der Begründer des Parks, Fürst Leopold III., gehörte.

Mit neuem Blick für die Schönheit des Parks lässt sich auch am Venustempel eine Entdeckung machen. Unterhalb des Tempels, überwachsen von saftigem Gras, lässt sich eine ovale Öffnung im Fels ausmachen. Das ist kein Lüftungsschlitz, sondern stellt das weibliche Gegenstück zum Blütenpenis, eine Vagina, dar – eine steinerne Vagina, die aussieht, als hätte sie Zähne. Das wirkt nicht sehr einladend. Ich überlasse es Ihrer Interpretation, was das über die Sexualität von Fürst Leopold III. aussagen könnte. Fest steht, dieser Mann war ein bedeutender Reformer, aufklärerischer Freigeist und echter Menschenfreund. Er regierte sein kleines, aber modernes Fürstentum nach dem Leitsatz: »Nützlich zu sein und Gutes zu stiften sind in meinen Augen unsere Schuldigkeit und die angenehmste Beschäftigung unseres Lebens.«

Ein schöner Leitsatz.

Adresse Wörlitzer Park, Erdmannsdorffstraße, 06876 Wörlitz, www.woerlitz-information.de, www.gartenreich.com | **Anfahrt** mit dem Pkw über die A 9 Abfahrt Vockerode | **ÖPNV** ab Dessau-Hauptbahnhof mit der Dessau-Wörlitzer Eisenbahn, Haltestelle Bahnhof Wörlitz | **Öffnungszeiten** Di–So 11–17 Uhr | **Tipp** Lassen Sie sich (von der Natur) anregen.

26 Die Synagoge
Palim! Palim! Eine Flasche Zivilcourage, bitte!

Es ist 23 Uhr am 10. November 1938 im Wörlitzer Park. Der Gartendirektor Hans Hallervorden bemerkt auf seinem Kontrollgang Licht in der kleinen Synagoge. In der Nacht davor hatten Nazis die Dessauer Synagoge niedergebrannt. Alarmiert betritt der Direktor das Gebäude und entdeckt zwei finstere Gestalten. Sie haben Sägespäne im Raum verteilt. Diese Männer sind gekommen, um auch die Wörlitzer Synagoge niederzubrennen. Hans Hallervorden zögert nicht. Er stellt sich ihrer blinden Zerstörungswut entgegen, schubst sie von den vollen Benzinkanistern weg und vertreibt sie aus der Synagoge, aus »seinem« Park und rettet dieses Kulturdenkmal für die Nachwelt.

Den Bau der Synagoge verdanken wir einem anderen bedeutenden Mann, dem Begründer des einmaligen Landschaftsparks Wörlitz, dem Fürsten Leopold III. von Anhalt. Der aufgeklärte Regent ließ das Gebetshaus als Bestandteil seiner Gartenlandschaft 1789/90 nach Plänen von Friedrich Wilhelm von Erdmannsdorff errichten und überließ es der jüdischen Gemeinde. Erdmannsdorff nahm sich für seinen außergewöhnlichen Rundbau neuen Forschungen zufolge den Hercules-Tempel auf dem Forum Boarium in Rom zum Vorbild. Unter dem Hauptraum der Synagoge liegt ein Ritualbad, eine Mikwe. Im Wasser der Mikwe tauchen religiöse Juden aus ganz verschiedenen Gründen unter. Die Christen haben das Ritual übernommen und daraus ihre Taufe gemacht.

Im Hauptraum der Synagoge liegt heute auf einem Stehpult ein aufgeschlagenes dickes Gästebuch. Am 30. Mai 2008 hinterließ ein prominenter Besucher darin diesen Eintrag: »Beeindruckend, in Wänden zu stehen, die ohne das mutige Eingreifen meines Großvaters so nicht mehr existieren würden. Der stolze Enkel Dieter Hallervorden.« In der Generation des Komikers Dieter Hallervorden gibt es nicht viele, die so stolz auf die Vergangenheit ihrer Großeltern sein können.

Adresse Wörlitzer Park, Erdmannsdorffstraße, 06876 Wörlitz, www.gartenreich.com/de/veranstaltungen/synagoge-Ausstellung.html | **Anfahrt** mit dem Pkw über die A 9, Abfahrt Vockerode | **ÖPNV** ab Dessau-Hauptbahnhof mit der Dessau-Wörlitzer Eisenbahn, Haltestelle Wörlitzer Bahnhof | **Öffnungszeiten** 2. Mai–Okt. Di–So 12–16 Uhr | **Tipp** Bei einer Gondelfahrt den Park vom Wasser aus erleben. Das macht nicht nur Verliebten Spaß.

27 — Das Hammerbachtal
Naturkunde mit allen Sinnen

Kommen wir zur 64.000-Euro-Frage: Wie pupst ein Biber? Ziemlich laut, und das sechs Sekunden lang. Jedenfalls auf der Aufnahme von Birgit Rabe, die den akustischen Höhepunkt ihrer geführten Bibertour durch das Hammerbachtal darstellt. Ich weiß nicht, was genau die Naturparkführerin angestellt hat, um dieses Geräusch für die Nachwelt zu konservieren, aber ich kann Ihnen sagen, dass sich eine Wanderung mit ihr auf den Spuren der Biber absolut lohnt.

Das Hammerbachtal liegt in der Dübener Heide, der eindrucksvollen Endmoränenlandschaft zwischen Elbe und Mulde im Osten von Sachsen-Anhalt. Gesäumt von uralten Buchen schlängelt sich hier der Hammerbach durch das romantische Tal. Diesen Ort haben sich die Biber als Zuhause gewählt, das spricht für ihren guten Geschmack. Dass die Nager auch einen ordentlichen Appetit haben, lässt sich überall an den abgenagten Trieben der Sträucher und Bäume erkennen. Ich muss zugeben, ich wäre an den Spuren der Biber einfach vorbeigelaufen, wenn mich Frau Rabe nicht darauf aufmerksam gemacht hätte. Was aber jedem ins Auge fällt, sind die umgefallenen Bäume. Bei näherer Betrachtung erkennt man schnell, dass sie nicht vom Wind, sondern von den scharfen Zähnen der Biber abgeholzt wurden.

Die Biber, die ausgewachsen bis zu 30 Kilogramm wiegen, ernähren sich rein vegetarisch und gestalten ihre Landschaft aktiv. Diese Umgestaltung war unseren Vorfahren ein Dorn im Auge. Der Biber wurde vertrieben oder gejagt.

Papst Julius III. hatte den Nager in der Mitte des 16. Jahrhunderts, um die strengen Fastengesetze zu umgehen, kurzerhand zum Wassertier ernannt. Das machte den Biber zum Fisch, den die Christen auch in der Fastenzeit essen durften. Neben dem Fleisch war sein Fell sehr begehrt. Frau Rabe hat bei ihren Führungen immer eins dabei. Streicheln Sie mal darüber, und Sie verstehen, warum die Leute dem Biber ans Fell wollten.

Adresse Start am Parkplatz an der Köhlerei Eisenhammer, an der B 2 zwischen Bad Düben und Kemberg | **Anfahrt** mit dem Pkw über die B 2 von Bad Düben oder Kemberg | **Öffnungszeiten** März–Okt. (danach halten die Tiere Winterruhe) | **Tipp** Wer nicht unter Raumangst leidet, dem empfehle ich einen Abstecher in den Atombunker Kossa, Dahlenberger Straße 1 in 04849 Laußig.

28 Schloss Reinharz

Liebesgefängnis, Sternwarte und Genesungsheim

An manchen Tagen kann man Schreie auf Schloss Reinharz hören, sagt man. Schreie, die durchs Mark gehen, Schreie einer Prinzessin, die in der Blüte ihres Lebens vom eigenen Vater lebendig hinter dicken Mauern begraben wurde. Eingemauert, weil sie einen Jäger liebte. Ihr Vater hatte gewarnt und gedroht. Alles vergebens, die Gefühle für den nicht standesgemäßen Waidmann waren stärker als die Angst vor der Wut des Vaters.

Das Barock- und Wasserschloss Reinharz liegt im schönen Dorf Reinharz. Errichtet wurde es von 1690 bis 1701 von Heinrich von Löser, damals Erbmarschall am kursächsischen Hof. Von Löser orientierte sich bei dem hufeisenförmigen Bau an der Jahresaufteilung. Die Fassade erhielt 365 Fenster, und im Schloss befanden sich 52 Türen und 12 Säle.

Der Schlossturm wurde im 18. Jahrhundert von Heinrichs Sohn, Hans von Löser, auf 68 Meter erhöht, um ihn als Sternwarte nutzen zu können. Im Schloss hatte er eine mechanisch-optische Werkstatt einrichten lassen. Dort fertigten die besten Instrumentenbauer ihrer Zeit wertvolle wissenschaftliche Geräte. Unter anderem Fernrohre, Spiegelteleskope und die ersten Metallthermometer der Welt. Einige Instrumente werden heute im mathematisch-physikalischen Salon des Dresdner Zwingers ausgestellt.

Das Schloss war ursprünglich umgeben von einem barocken Lustgarten. Als das Anwesen in der Mitte des 19. Jahrhunderts verkauft wurde, entstand daraus ein Landschaftspark. In der DDR wurde aus dem Schloss ein Genesungsheim. Heute erhält ein Förderverein das Schloss und den angrenzenden Park. Der ist nicht perfekt, genauso wenig, wie das Schloss schon vollständig saniert ist. Überall sieht man die Spuren der verschiedenen Eigentümer und Nutzer der letzten Jahrhunderte. Und genau das macht den Reiz von Schloss Reinharz aus. Doch denken Sie daran: An manchen Tagen kann man sie hören, die verzweifelten Schreie der verliebten Prinzessin.

Adresse Reinharz 87, 06905 Bad Schmiedeberg, www.schloss-reinharz.de | **Anfahrt** über die B 2 Richtung Bad Düben, dann rechts Richtung Bad Schmiedeberg | **ÖPNV** vom Bahnhof Bad Schmiedeberg mit dem Bus nach Reinharz | **Öffnungszeiten** Schlossführungen (ganzjährig): So 14 und 15 Uhr, beziehungsweise nach Vereinbarung | **Tipp** Übernachten Sie stilecht im 300 Jahre alten Gärtnerhaus.

29 Tornau

Das Deutsche Kettensägen-Fest

In seinem Film »Das Deutsche Kettensägenmassaker« ließ der verstorbene Regisseur Christoph Schlingensief 1990 DDR-Bürger bei ihrem ersten Westbesuch mit eben jenen Sägen zu Wurst verarbeiten. Ähnliches haben westdeutsche Besucher des Holzskulpturenfestivals in Tornau nicht zu befürchten. Im Gegenteil, hier erleben alle Besucher, wie filigran man mit einer Kettensäge umgehen kann. Seit über zehn Jahren wird in Tornau einmal im Jahr aus Holz Kunst gemacht. Und Holz gibt es jede Menge – der 600-Seelen-Ort liegt inmitten von ausgedehnten Kiefern-, Eichen- und Buchenwäldern.

Gut möglich, dass eines Tages ein kreativer Waldarbeiter genug hatte vom eintönigen Baumfällen. Vielleicht pfiff er an diesem Tag auf seine Mittagspause, nahm seine Kettensäge und sägte kurz entschlossen das Gesicht seiner Liebsten in den gefällten Stamm. Vielleicht war es auch nur der Name seines Lieblingsfußballvereins. Das spielt keine Rolle. Wichtig ist, er hatte den Schritt zum Künstler getan.

Wo es einen Kettensägenkünstler gibt, gibt es auch noch mehr. Und zwar jeden Sommer auf dem Festplatz von Tornau. Vor Tausenden Besuchern zeigen dort Künstler aus der ganzen Welt zwei Tage lang ihr Können. Frei nach dem Motto: »In jedem Stamm steckt eine Figur, man muss nur das Brennholz drum herum wegsägen!« Vom kunsthandwerklichen Adler für den freiheitsliebenden Kleingärtner bis zum abstrakten Gebilde für den Kunstkenner ist für jeden Geschmack etwas dabei. Das Dröhnen der Kettensägen verlangt als Begleitprogramm eigentlich nach Heavy-Metal-Musik. Die Organisatoren des Festes lassen es auf der nahe liegenden Bühne mit Volksmusik und Schlager aber deutlich ruhiger angehen. Die meisten der Kettensägenkünstler können Sie auch privat für einen Kunstevent buchen. Also, wenn Sie noch ein paar nichtssagende Bäume im Garten haben, dann scheuen Sie sich nicht, sie anzusprechen.

Adresse Festplatz, 06672 Gräfenhainichen, Ortsteil Tornau | **Anfahrt** über die B 2 bis Tornau, dann Richtung Festplatz (ist ausgeschildert) | **Öffnungszeiten** ganzjährig geöffnet, im Juli mit dem Holzskulpturenfestival | **Tipp** Von hier aus können Sie zu Fuß den sagenumwobenen Lutherstein am Hammerbachtal erreichen.

30 Die Doppelkapelle
Ein Ludwig kommt selten allein

Um das Jahr 1090 gründete der Thüringer Graf Ludwig der Springer die Burg Neuenburg. Seinen Beinamen verdankte er seiner Flucht von der Burg Giebichenstein in Halle, bei der er angeblich vom Burgturm direkt in die weit unten fließende Saale sprang (siehe Seite 90). Vielleicht sprang er generell gern aus großer Höhe in Flüsse, und das brachte ihn dazu, sich oberhalb der Unstrut niederzulassen? Vielleicht war es auch nur die sensationelle Aussicht auf das Unstrut-Tal, weshalb er seine Burg dort errichten ließ. So oder so, wir können ihm dankbar sein, denn auch fast 1.000 Jahre später fasziniert die Neuenburg ihre Besucher.

Das Geschlecht der Ludowinger, benannt nach dem Stammvater Ludwig dem Bärtigen, wurde eines der mächtigsten des Reichs. Die Neuenburg wuchs, und Ludwig III. der Fromme ließ um 1180 die heute berühmte Doppelkapelle einbauen. In dem Bauwerk mit zwei übereinander angeordneten Kapellen nutzten die Landgrafen das Obergeschoss als privaten Andachtsraum. Im Untergeschoss versammelten sich Gäste und Bedienstete zum Gottesdienst. In der Neuenburg besteht eine Raumverbindung zwischen beiden Kapellen. Je nachdem wo man steht, gibt es eine Öffnung in der Decke oder im Fußboden. So konnte man der Andacht optisch und akustisch folgen, ohne im selben Raum zu sein. Doppelkapellen waren ein typisches Zeichen der Romanik. Mit dem Ende dieser Epoche verschwand die Idee der Doppelkapelle, und auch die Ludowinger starben aus.

Bis dahin hatten sie wichtige Persönlichkeiten der Geschichte hervorgebracht. Der letzte Ludowinger, Heinrich IV., schaffte es sogar zum König, blieb aber ohne Söhne. Nach seinem Tod 1247 übernahmen die Wettiner die Burg mit ihrer Doppelkapelle.

Burg Neuenburg sollte nie wieder so bedeutend sein. So blieb sie von großen Verwüstungen verschont und präsentiert sich noch heute hoch über Freyburg in herrschaftlicher Erhabenheit.

Adresse Schloss Neuenburg, Schloss 1, 06632 Freyburg (Unstrut), www.schloss-neuenburg.de/doppelkapelle.html | **Anfahrt** mit dem Pkw von der A 9, der A 4 oder der A 14 über die B 180 oder die B 176 | **ÖPNV** mit der Burgenlandbahn von Naumburg bis Freyburg Hauptbahnhof | **Öffnungszeiten** April–Okt. 10–18 Uhr; Nov.–März 10–17 Uhr | **Tipp** Setzen Sie sich auf eine Bank und genießen Sie die sensationelle Aussicht auf Freyburg und das Unstruttal.

FREYBURG

31 Die Erinnerungsturnhalle
»Frisch, fromm, fröhlich, frei!«

Am 10. Juni 1894 trafen sich in Freyburg mehr als 3.000 Turner aus Deutschland und Österreich zur Einweihung der Friedrich-Ludwig-Jahn-Erinnerungsturnhalle. Die Ehrenhalle sollte zwei Zielen dienen: der Wertschätzung des deutschen Turnens und natürlich dem ehrenden Gedenken an den »Turnvater« Friedrich Ludwig Jahn. Der war 1852 in Freyburg gestorben und an der Stirnseite der Erinnerungshalle, die damals noch eine einfache Turnhalle war, beigesetzt worden.

Die Idee einer turnenden Jugend kam ihm nicht beim Anblick übergewichtiger Kinder in einem Fastfoodlokal. Friedrich Ludwig Jahn lebte im von Napoleon besetzten Preußen. Er wollte die Jugend für den Kampf gegen Frankreich trainieren. Jahn träumte von einem befreiten und vereinten Deutschen Reich. Seine Turnbewegung war von Anfang an eine politische Nationalbewegung. Zu seiner großen Enttäuschung blieb Deutschland auch nach dem Sieg über Napoleon eine Ansammlung von Kleinstaaten.

Ab 1817 hielt Jahn eine Vortragsreihe zum deutschen Volkstum. Mit seiner radikalen Position machte er sich etliche Feinde, gewann aber auch viele Anhänger. Einer von ihnen ermordete den Schriftsteller und Satiriker August von Kotzebue. Das Turnen wurde daraufhin in Preußen verboten und Jahn am 13. Juli 1819 verhaftet. Nach der fünfjährigen Haft durfte er sich unter Polizeiaufsicht in Freyburg niederlassen.

1840 wird Friedrich Ludwig Jahn vollständig rehabilitiert, zwei Jahre später das Verbot des Turnens in Preußen aufgehoben. Nicht nur das, per allerhöchster Kabinettsorder galt das Turnen nun »an allen öffentlichen Lehranstalten als notwendiger und unerlässlicher Bestandteil der männlichen Erziehung«. Turnen dürfen heute auch die Frauen, und in Freyburg können sie das gemeinsam mit den Männern in einer der ältesten Turnhallen Deutschlands, in der Friedrich-Ludwig-Jahn-Erinnerungsturnhalle, tun.

Adresse Großmannstraße/Ecke Jahnstraße, 06632 Freyburg (Unstrut), www.jahn-museum.de | **Anfahrt** über die B 180 von Naumburg nach Freyburg | **ÖPNV** mit der Regionalbahn bis Freyburg-Bahnhof | **Öffnungszeiten** nur nach Rücksprache unter Tel. 034464/27260 | **Tipp** Mehr über den Turnvati erfahren Sie im Friedrich-Ludwig-Jahn-Museum in der Schloßstraße 11.

FREYBURG

32 Die Sektkellerei
Rotkäppchen für Erwachsene

1856 produziert das Weinland Frankreich 6,5 Millionen Flaschen Champagner. Zwei Drittel des prickelnden Vergnügens gehen ins Ausland, nicht wenige davon werden in Deutschland getrunken. Die Brüder Kloss gründen im selben Jahr in Freyburg an der Unstrut mit Carl Foerster einen Weinhandel. Vielleicht läuft das Geschäft so gut, dass sie darauf mit französischem Champagner anstoßen. Und vielleicht fragen sie sich in diesem Moment, warum sie den Schaumwein nicht auch selbst herstellen? Fakt ist, sie gründen noch im selben Jahr die Sektkellerei Kloss & Foerster. 1870 verlassen bereits 120.000 Flaschen Sekt das Freyburger Werk.

Der Erfolg macht die Konkurrenz aus Frankreich aufmerksam. Die Freyburger verwenden für ihren Sekt die französische Bezeichnung »Monopol«. Nach einem Prozess darf nur noch der Originalchampagner diesen Namen tragen. Das Freyburger Pendant wird mit einer roten Kappe verkauft. Kloss & Foerster nennen ihr Produkt kurzerhand »Rotkäppchen«.

Die Sektsteuer zur Finanzierung der Deutschen Kriegsflotte bringt die Sektkellerei im Ersten Weltkrieg in große Schwierigkeiten. Erst in den 1930er Jahren steigt die Produktion wieder an. Doch 1945 ist im Osten Schluss mit der Privatwirtschaft. In der DDR wird die Sektkellerei zum »volkseigenen« Musterbetrieb und, salopp formuliert, Rotkäppchensekt zur Partybrause der Roten. Die Mitarbeiter verbessern unter den schwierigen Bedingungen der Planwirtschaft ständig die Qualität. Die cleveren Mitarbeiter sind auch nach 1989 das eigentliche Kapital. Als um sie herum fast alle Ostbetriebe von der Landkarte verschwinden, behalten sie einen kühlen Kopf, treffen die richtigen Entscheidungen und bringen »Rotkäppchen« in die Regale zurück. 1993 übernimmt die »alte« Leitung des Betriebs mutig die Firma. Sie starten eine ostdeutsche Erfolgsgeschichte. »Rotkäppchen« ist heute der meistgetrunkene Sekt in Deutschland.

Adresse Sektkellereistraße 5, 06632 Freyburg (Unstrut), www.rotkaeppchen.de | **Anfahrt** von Naumburg über die B 180 | **ÖPNV** Regionalbahn bis Freyburg-Bahnhof | **Öffnungszeiten** Führungen Mo–Fr 11 und 14 Uhr, Sa, So 11, 12.30, 14 und 15.30 Uhr ohne Anmeldung, Sektshop 10–18 Uhr | **Tipp** Es finden regelmäßig öffentliche Konzerte und andere Kulturveranstaltungen im einzigartigen Lichthof statt.

33 Isenschnibbe
Nur Befehle befolgt?

Am 14. April 1945 wurde die Stadt Gardelegen den amerikanischen Truppen kampflos übergeben. Versprengte Wehrmachtssoldaten, der Volkssturm, die Bürger von Gardelegen, sie alle hatten genug von Krieg, Zerstörung und Tod, jedenfalls am Tag des 14. Aprils. In der Nacht davor hatten sie sich noch in einen wahren Mordrausch gesteigert.

In den letzten Kriegswochen wurden Konzentrationslager wegen der heranrückenden Front geschlossen. Die verbliebenen Häftlinge wurden von den Wachmannschaften auf Gewaltmärschen durch das Land getrieben. Ohne Verpflegung, ohne Wasser, ohne Rast. In den Tagen vor dem 13. April waren einige dieser Todesmärsche aus verschiedenen Konzentrationslagern in Gardelegen gestrandet. Über 1.000 KZ-Häftlinge saßen in Gardelegen fest. Diese Menschen waren Kriegsgefangene, politische Gegner oder gehörten einfach der falschen Religion an. Sie hatten die Zwangsarbeit, den Hunger, medizinische Experimente und die Brutalität ihrer Bewacher überstanden. Nun hörten sie den Geschützdonner der Amerikaner und schöpften zum ersten Mal seit langer Zeit wieder Hoffnung.

Da hatten der NSDAP-Kreisleiter von Gardelegen Gerhard Thiele und seine Parteigenossen schon ihre Ermordung beschlossen. Die Häftlinge wurden am 13. April in die große steinerne Scheune von Isenschnibbe getrieben. Zuvor war das Heu in der Scheune mit Benzin getränkt worden. Bis auf ein Tor wurden alle Ausgänge geschlossen und die Scheune in Brand gesetzt. NSDAP- und SA-Männer, Mitglieder der SS, Soldaten, Polizeikräfte, Volkssturmmänner, Männer vom Technischen Notdienst und Halbwüchsige aus der Hitlerjugend bildeten einen Ring um die Scheune. Feuerwehrmänner warfen Brandgranaten hinein. 16-Jährige schossen auf jeden, der aus der Feuerhölle fliehen wollte. 1.016 Menschen starben qualvoll in dieser Nacht.

Am Morgen übergaben ihre Mörder Gardelegen unversehrt an die amerikanische Armee.

Adresse Mahn- und Gedenkstätte Isenschnibbe, 39638 Gardelegen, www.gedenkstaette-gardelegen.sachsen-anhalt.de | **Anfahrt** circa zwei Kilometer über die B 188 / B 71 Richtung Stendal | **Öffnungszeiten** Die Gedenkstätte ist jederzeit zugänglich.

34 _ Das Salzwedeler Tor
Rein oder raus?

Wer vor einem geschlossenen Tor steht, kann sich geschützt oder ausgeschlossen fühlen. Das hängt ganz davon ab, auf welcher Seite des Tores man sich befindet. Die Gardelegener konnten die Stadt durch das Tor in Richtung Salzwedel verlassen. Gleichzeitig schützte das Tor vor Angriffen aus dieser Richtung. Das Ausmaß des Salzwedeler Tores verrät uns zweierlei. Erstens: Die Angst vor Überfällen auf die Stadt muss sehr groß gewesen sein. Das Tor hat zwei neun Meter hohe Türme mit Mauern, die bis zu vier Meter dick sind. Zweitens: Die Angst vor Überfällen war so groß, weil Gardelegen als Hansestadt zu ordentlichem Wohlstand gelangt war. Sonst hätten sich die Gardelegener eine derart wuchtige Stadtbefestigung auch gar nicht leisten können.

Das Salzwedeler Tor ist das am besten erhaltene von ehemals drei Stadttoren. Es wurde in der Mitte des 16. Jahrhunderts als Bestandteil der Stadtbefestigungsanlage errichtet. Hundert Jahre schützte es die Stadt vor Angreifern, erst die Kanonen des Dreißigjährigen Kriegs hoben es aus den Angeln.

Vor 200 Jahren wollte man es wegen der Schäden abreißen. König Friedrich Wilhelm IV. von Preußen verhinderte das, weigerte sich aber, die Sanierung zu bezahlen. Die erfolgte erst nach 1990. Das Salzwedeler Tor wurde aufwendig wiederhergestellt. Seit Anfang des neuen Jahrtausends gibt es auch wieder einen Torwächter. Ein Typ wie eine Eiche! Kein Wunder, der Künstler Roland Lindner schuf ihn aus dem Stamm einer Eiche, die vor dem Tor stand.

Der Wächter bewacht heute einen echten Schatz, das Garley-Bier. Das wird seit dem 16. Juli 1314 unter diesem Namen in Gardelegen gebraut. Garley ist der älteste Markenname der Welt. 1698 kam Zar Peter der Große in die Stadt. Angeblich lobte er das Garley als das beste Getränk auf Erden. Überprüfen Sie es selbst. Schreiten Sie durch das Salzwedeler Tor und kehren Sie in der nächsten Garley-Schenke ein. Prost!

Adresse Vor dem Salzwedeler Tor, 39638 Gardelegen | **Anfahrt** von Salzwedel kommend über die B 71; von Wolfsburg über die B 188 | **ÖPNV** mit dem Zug über Stendal nach Gardelegen Bahnhof | **Öffnungszeiten** ganzjährig | **Tipp** Machen Sie sich auf die Spuren von Otto Reutter, Gardelegens berühmtem Sohn.

GERNRODE

35 Die alte Elementarschule
»Die beste Schule ist das Leben, oder?«

Pink Floyd sangen »We don't need no education«, was in seiner doppelten Verneinung wohl bedeutet, dass wir eben doch eine vernünftige Ausbildung brauchen. Wenn Sie einmal eine Volksmusiksendung im MDR gesehen haben, werden Sie diesen Satz unterschreiben. Jeder braucht und verdient eine gute Ausbildung.

Davon war vor knapp 500 Jahren schon der Gernroder Pastor Stephan Molitor überzeugt. Seine Äbtissin, Elisabeth von Weida, hatte im Gernroder Stift schon 1521 die Reformation durchgeführt. Sie schickte den Pastor zu Studienzwecken in die Hauptstadt der Reformation nach Wittenberg. Pastor Molitor kehrte mit vielen neuen Plänen zurück, darunter die Gründung einer öffentlichen bürgerlichen Schule.

In den Jahrhunderten davor war Bildung vornehmlich Aufgabe der katholischen Kirche. An den Dom-, Stifts- oder Klosterschulen wurde der Adel zum Klerikernachwuchs ausgebildet. Daneben gab es nur die handwerkliche Ausbildung bei einem Meister oder den Hausunterricht. Da war die Gründung einer öffentlichen bürgerlichen Schule schon eine große Sache. Pastor Molitor kämpfte und überzeugte die Schulskeptiker. Noch vor 1533 eröffnet er im kleinen Ort Gernrode eine öffentliche bürgerliche Bildungsanstalt. Sie ist damit wahrscheinlich Deutschlands erste evangelische Elementarschule.

Auf den Fundamenten der Gründerjahre erhebt sich heute ein Bau aus dem frühen 18. Jahrhundert. Bis 1847 fand dort Unterricht statt. Heute gehört das Haus dem Gernroder Kulturverein »Andreas Popperodt«, der es liebevoll pflegt und zu einem kleinen Museum hergerichtet hat.

Highlight ist das Klassenzimmer, das originalgetreu wiederhergestellt wurde und die Atmosphäre des Lernens im 18. Jahrhundert erlebbar macht. Statt iPod und Smartphone liegen hier noch Griffel und Schiefertafeln auf den Bänken.

Adresse St. Cyriakusstraße 2, 06507 Gernrode, www.elementarschule-gernrode.de | **Anfahrt** mit dem Pkw über die L 239, L 243, K 2355 | **ÖPNV** mit der Selketalbahn von Quedlinburg bis Gernrode Bahnhof | **Öffnungszeiten** Mo–Fr 10–12 und 14–16.30 Uhr, Sa 14–17 Uhr | **Tipp** Das Café »Froschkönig« gegenüber der St.-Cyriakuskirche bietet himmlischen Kuchen.

GOMMERN

36 — Die Wanderdüne
Ein Gruß aus der Eiszeit

Gommern liegt ungefähr 250 Kilometer vom Meer entfernt. Bis zur nächsten Wüste sind es sogar fast 4.000 Kilometer. Also was erwartet man am wenigsten in Gommern zu finden? Eine Düne, eine richtig große Sanddüne. Der sogenannte »Fuchsberg« von Gommern ist die letzte Düne eines ganzen Dünenzuges in der Region. Sie entstand in der sogenannten Weichseleiszeit. Der Experte weiß sofort, die Weichseleiszeit begann vor ca. 115.000 Jahren und endete vor etwa 10.000 Jahren. Geologisch betrachtet also gestern. In dieser Zeit lag fast das ganze Territorium des heutigen Deutschlands unter einem dicken Eispanzer. Als die Temperaturen wieder stiegen, schmolz das Eis, und es bildeten sich riesige Schmelzwasserseen. Die meisten trockneten wieder aus. Sand, der vorher im Wasser gebunden war, lag herum und wartete nur darauf, von einem lauen Lüftchen durch die Gegend getragen zu werden. Und wo ließ er sich dann nieder? In der Region um Gommern. So bildete sich die schöne Wanderdüne »Fuchsberg«. Wanderdüne deshalb, weil sich ihr Sand immer wieder vom Wind bewegen ließ, die Düne somit wanderte.

Die Düne in Gommern war ursprünglich 70 Meter hoch. Heute erhebt sie sich immer noch 20 Meter über den Kulker See. Die verschwundenen 50 Höhenmeter wurden größtenteils nach dem Ende des Zweiten Weltkrieges im nahezu völlig zerstörten Magdeburg verbaut. Manch einer wird jetzt vielleicht sagen: »Na, dann hätten sie ja auch was Schönes aus dem Eiszeitsand bauen können.« Aber Leute, die so was denken, sollen doch einfach die Elbe hoch nach Hamburg fahren.

Um Strandfeeling zu erleben, müssen die Menschen aus Gommern nicht verreisen. Sie können einfach zur Düne gehen, die Schuhe ausziehen und den feinsten Sand nördlich der Sahara durch die Zehen rieseln lassen. Ein Vergnügen, das ich jedem empfehle. Pack die Badehose ein, nimm dein kleines Schwesterlein und dann nüscht wie raus … nach Gommern!

Adresse Salzstraße 49, 39245 Gommern | **Anfahrt** mit dem Auto über die 246a | **Tipp** Gesteinsfreunde finden im nahen Gesteinsgarten nicht nur Findlinge.

GOSECK

37 Das Sonnenobservatorium
Die ersten Sternengucker Europas

75 Meter im Durchmesser, Holzpalisaden rundherum – der Anblick des Gosecker Sonnenobservatoriums beeindruckt. Auch die Menschen vor 7.000 Jahren. Denn diese Wirkung war geplant und genau so gewollt. Anlagen dieser Art waren Kultstätten und lagen weithin sichtbar in der offenen Landschaft. Auch das Sonnenobservatorium Goseck war Schauplatz kultischer Veranstaltungen und Ort astronomischer Beobachtungen. Im Inneren der Palisaden kann man noch immer die besondere Energie dieses Ortes spüren.

Die Menschen der Jungsteinzeit waren die ersten Bauern in der Geschichte der Menschheit. Sie beobachteten den Himmel und den Lauf der Sonne. Das Sonnenobservatorium war auch so was wie der erste Bauernkalender. Von der Mitte der Anlage aus gesehen, markiert das Südosttor exakt den Punkt des Sonnenaufgangs zur Wintersonnenwende am 21. Dezember zu Beginn des 5. Jahrtausends vor Christus. Der Sonnenuntergang war am selben Tag durch das Südwesttor zu beobachten. Für die Menschen, die sich dazu versammelt hatten, müssen es magische Momente gewesen sein.

Die Erbauer der Jungsteinzeit hatten keinen Computer, und, soweit wir heute wissen, stellten sie noch nicht einmal schriftliche Rechnungen an. Und trotzdem ist das Observatorium ein exaktes Instrument, ein sehr genauer Kalender. Wer den Jahreszyklus voraussagen kann, weiß auch, wann das Feld bestellt und die Ernte eingefahren werden muss. Vielleicht machten solche Sonnenobservatorien das Sesshaftwerden der Menschen erst möglich.

Die Anlage und die bei weiteren Ausgrabungen gemachten Funde öffnen das Tor in eine Epoche, über die es keine Aufzeichnungen gibt. Knochen und Keramikscheiben sind Puzzleteile einer vergangenen Kultur. Im Schloss Goseck werden sie in einer Dauerausstellung zu einem möglichen Bild zusammengefügt. Anschaulich und spannend wird aus dem Leben der ersten Sternengucker vor 7.000 Jahren erzählt.

Adresse Burgstraße 53, 06667 Goseck, www.sonnenobservatorium-goseck.info | **Anfahrt** von Weißenfels über die L 206 und 205 | **Öffnungszeiten** Führungen: April–Okt. So und Feiertage um 14.30 und 15.15 Uhr; Informationszentrum im Schloss: April–Okt. täglich 11–17 Uhr (letzter Einlass 16.30 Uhr) | **Tipp** Wenn Sie noch mehr Informationen haben möchten, sollten Sie den Infopoint im Schloss Goseck besuchen.

GRÄFENHAINICHEN

38 __ Die Stadt aus Eisen
Spektakulär und einmalig

Sie sind Riesen aus Stahl, gewaltig und auf eine angsterregende Art schön. Mächtig ragen die gewaltigen Bagger in den Himmel, so als wären sie sich ihrer Ausstrahlung und Kraft vollkommen bewusst. Vor nicht allzu langer Zeit gruben sie die Landschaft mit ihren großen Schaufeln nach Braunkohle um, heute thronen sie als beeindruckende Industriedenkmäler auf einer Insel im See. Der Braunkohletagebau hat in Mitteldeutschland eine Tradition, die bis ins 17. Jahrhundert zurückreicht. In der DDR waren zuletzt 60.000 Bergleute im Braunkohleabbau beschäftigt. Und die förderten 100 Millionen Tonnen Kohle im Jahr aus den 20 Tagebaustätten. Eine davon war der Tagebau Golpa Nord. Der war 1991, wie die meisten Tagebaue der Region, am Ende. Zurück blieben ein riesiges Abraumloch und Bagger so groß wie Burgen. Was tun? Wohin mit den stählernen Ungetümen? Eine Idee aus dem Bauhaus Dessau brachte die Lösung: die Dinosaurier des Industriezeitalters nicht verschrotten, sondern zu Kunst umgestalten. »Ferropolis« war geboren, die Stadt aus Eisen.

Das Abraumloch wurde geflutet. Es ist heute ein See, der Gremminer See. Seinen Namen verdankt er dem Dorf Gremmin, das einst den Baggern weichen musste. »Ferropolis« ist Museum, Industriedenkmal, Stahlskulptur und Ort eindrucksvoller Festivals und Veranstaltungen. Hip Hop, Electronic, Rock und Klassik, egal welche Stilrichtung, namhafte Künstler aus der ganzen Welt wollen in »Ferropolis« vor dieser beeindruckenden Kulisse musizieren. Bands wie »Metallica« und »Die Ärzte« ziehen überall die Massen an. Aber mit ein paar Tauend Tonnen Stahl im Rücken, die wie ein Roboterdrachen in den Nachthimmel leuchten, bekommt jeder Song erst richtig Gewicht.

Kommen Sie für einen Tag und eine Nacht nach Ferropolis. Erkunden Sie die Bagger bei Licht, erleben Sie Industriegeschichte zum Anfassen und klettern Sie darauf rum.

Adresse Ferropolisstraße 1, 06773 Gräfenhainichen, www.ferropolis.de | **Anfahrt** von Dessau über Oranienbaum auf der B 107 Richtung Gräfenhainichen, dann Zufahrt Ferropolis | **Öffnungszeiten** 1. Nov.–31. März täglich 10–17 Uhr oder bis zum Einbruch der Dunkelheit, 1. April–31. Okt. täglich 10–18 Uhr Sa, So und Feiertage bis 19 Uhr. Im Januar und Februar Führungen auch am Wochenende nur auf Anfrage. | **Tipp** Besuchen Sie Ferropolis zu einem Konzert.

HALBERSTADT

39 _ Das John-Cage-Projekt
Wie langsam ist »So langsam wie möglich«?

Wer den Hof des ehemaligen Zisterzienserinnenklosters betritt, wird einen tiefen Pfeifton hören. Keine Sorge, Sie haben keinen Tinnitus, der Pfeifton kommt aus der Kirche St. Burchardi. Seit dem 5. September 2001 läuft in diesem einstigen Gotteshaus das wohl einmaligste Projekt in der Musikgeschichte. Ein Orgelkonzert über genau 639 Jahre. Arbeitslose Organisten brauchen sich nicht zu bewerben, die Orgel wird von einem automatischen Blasebalg gespeist. Gespielt wird das Konzert »As slow as possible« – hier ist der Name Programm – des amerikanischen Komponisten John Cage. Dafür wurde eine Orgel errichtet, die der nachempfunden ist, die 1361, also genau 639 Jahre vor der letzten Jahrtausendwende, in Halberstadt gebaut wurde. Sie war die erste Großorgel der Welt und ist der Grund, warum Halberstadt heute der Schauplatz dieses Langzeitprojektes ist.

Elf Klangwechsel gab es in den Jahren seiner Aufführung »schon«. Den ersten verfolgte eine Handvoll Zuschauer, beim letzten Klangwechsel waren schon über 800 Beobachter Zeugen. Die Sankt-Burchardi-Kirche ist über 1.000 Jahre alt. Anfang des 19. Jahrhunderts wurde sie säkularisiert. Die folgenden 180 Jahre nutzte man den Raum als Schnapsbrennerei, Scheune und Schweinezuchtanlage.

Heute ist die Kirche bis auf die Orgel leer. Ein riesiger Raum, in dem sich ein oder zwei sonore Dauertöne ausbreiten und sonst nichts. Ist das nicht total durchgeknallt? Absolut! Und es ist genial. Das Konzert ist ein Gruß an die Zukunft, von der kein Mensch weiß, wie sie aussehen wird. Die Töne reisen durch die Zeit und bilden so ein Band zwischen Menschen, die noch nicht einmal geboren sind.

Sie können Teil dieses Abenteuers sein. Spenden Sie ein Klangjahr und seien Sie dabei, wenn in 300 Jahren Ihr Ton erklingt. Da haben Sie schon was vor? Dann sagen Sie Ihren Nachfahren Bescheid.

Adresse Sankt-Burchardi-Kirche, Am Kloster 1, 38820 Halberstadt, www.aslsp.org/de |
Anfahrt von Magdeburg über die B 81 | **ÖPNV** Straßenbahn 2, Haltestelle Sargstedter Weg. | **Öffnungszeiten** Mo geschlossen, Di–So 11–17 Uhr | **Tipp** Ich lege Ihnen einen Besuch des Halberstädter Doms mit seinem beispiellosen Domschatz ans Herz.

HALLE

40 Das Beatles-Museum
»All you need is love!«

Wie kommt das Beatles-Museum nach Halle? Warum steht es nicht in Hamburg, wo sie sich als unbekannte Band auf der Reeperbahn die Finger wund spielten? Oder in München oder Essen? Den beiden einzigen deutschen Städten, in denen die Beatles neben Hamburg noch spielten. Das Beatles-Museum steht in Halle, weil die Beatles eben doch noch in einer weiteren deutschen Stadt waren. Und das mehr als einmal. Nur weiß das keiner.

1965 werden die Beatles von ihrer Königin zu Rittern geschlagen und erhalten – und jetzt kommt's – die Schlüssel für die erste Plattenwohnung in Halle-Neustadt. 1966 geben die Beatles angeblich ihre letzten Bühnen-Konzerte. Tatsächlich sind sie als Begleitband bei Frank Schöbels sensationell erfolgreicher »Schau lieber weg«-Tournee durch den Bezirk Halle unterwegs. Als alle Welt die vier großen Musiker 1967 in Indien vermutet, wo sie Gerüchten zufolge die transzendentale Meditation für sich entdecken, geben sie als »Oktoberklub« ein legendäres Konzert in Halle. Sie singen »Sag mir, wo du stehst?!« und stehen dabei selbst vor dem Denkmal des Kleinen Trompeters.

Die Beatles trennen sich 1970. George Harrison beginnt enttäuscht bei »Musik Erber« in Dessau eine Lehre als Verkäufer. Paul McCartney und John Lennon treten als Monika Hauf und Klaus Dieter Henkler immer wieder auch in Halle auf. Und Ringo Starr zieht sich in seine Wohnung nach Halle-Neustadt zurück und bestreitet bis 1985 unter dem Namen Dieter Strotzniak 245 Spiele für den HFC Chemie in der DDR-Fußball-Oberliga.

Noch heute sind die lebenden Beatles fest mit Halle verbunden. Paul McCartney kann man regelmäßig im Beatles-Museum treffen. Immer dienstags und donnerstags an der Kasse. Glauben Sie nicht? Sie halten den ganzen Text für Blödsinn? Dann gehen Sie doch mal persönlich hin. Auf drei Etagen erfahren Sie die ganze Wahrheit über die Beatles.

Die Beatles haben ihre schönsten Erinnerungen in Halle gelassen.

Adresse Alter Markt 12, 06108 Halle (Saale), www.beatlesmuseum.net | **Anfahrt** über die A 14 bis Halle-Trotha, rechts auf die B 6 | **ÖPNV** Straßenbahn 1, 3, 7, 8, 9, Haltestelle Franckeplatz | **Öffnungszeiten** Di – So 10 – 18 Uhr, nach Absprache auch länger geöffnet | **Tipp** Sie stehen auf noch ältere Klassiker? Dann finden Sie nördlich auf dem Marktplatz das berühmte Händel-Denkmal.

41 Die Bergschenke
Der Himmel über Halle

Ein Abend im Sommer. Das Pflaster strahlt noch die Hitze des Tages ab. Sie sind erschöpft von Ihrem umfangreichen Besichtigungsprogramm in Halle und brauchen jetzt nur noch eins, ein eiskaltes Bier, aber nicht irgendwo, sondern irgendwo, wo es besonders ist, besonders schön. Und jetzt stehen Sie am Ende Ihres eindrucksvollen, aber anstrengenden Tages am Fuße einer Treppe, deren Ende Sie nicht sehen können, und denken: »Nö, ich kann nicht mehr.« Gehen Sie trotzdem hoch! Erklimmen Sie diese Treppe! Es lohnt sich, denn nach der letzten Stufe landen Sie in der Bergschenke Halle Kröllwitz.

Die thront, wie der Name schon vermuten lässt, auf einem Berg, dem Porphyrfelsen. Die Mitarbeiter der Bergschenke sind freundlich und schnell, die angebotenen Speisen ganz lecker. Man kann mit Fug und Recht sagen, der Service ist gut. Doch das ist anderswo in Halle sicher auch der Fall. Das Besondere der Bergschenke ist die sensationelle Aussicht von der Terrasse. Natürlich können Sie sich auch in den hübschen »Kleinen Salon« setzen, aber das wäre so, vorausgesetzt Sie sind ein Mann, als würden Sie die Einladung einer Frau zum Kaffee ausschlagen, um mit Ihren Kumpels noch einen trinken zu gehen. Kann man machen, klar, aber so werden Sie das Beste verpassen.

Wenn Sie sich auf die Zehenspitzen stellen, können Sie von der Terrasse bis zur Quelle der Saale im Fichtegebirge gucken. Fast jedenfalls. Sie können ganz sicher auf die gegenüberliegende Burg Giebichenstein schauen. Oder Sie winken den Ausflugsschiffen und verfolgen den Verkehr auf der Kröllwitzer Brücke, ohne von seinem Lärm belästigt zu werden. Auf der Terrasse der Bergschenke können Sie, wie man so schön sagt, den lieben Gott einen guten Mann sein lassen.

1799 zerstörte ein Hochwasser die alte Schenke am Saale-Ufer. Ihre Nachfolgerin wurde auf dem Berg eröffnet. Eine wirklich gute Entscheidung, bis heute.

Adresse Kröllwitzer Straße 45, 06120 Halle (Saale), www.bergschenke-halle.com | **Anfahrt** über die A14 bis Halle Trotha, rechts auf die auf B6 | **ÖPNV** Straßenbahn 7, Haltestelle Talstraße | **Öffnungszeiten** Mo und Di geschlossen, Mi–Fr 17–22 Uhr, Sa 12–22 Uhr, So und Feiertage 12–21 Uhr | **Tipp** Erst lecker essen und dann einen Verdauungsspaziergang am malerischen Saale-Ufer entlang. Ist auch umgedreht sehr schön.

HALLE

42 Burg Giebichenstein
Der Klippenspringer von Halle

Wer Burg Giebichenstein besucht, betritt wahrhaft historisches Gelände. Schon im Jahre 961 wurde die gleichnamige Burg in einer Urkunde von König Otto I. erwähnt. Von dieser Burg aus sollte das von den Slawen eroberte Land seiner feudalen Ordnung unterworfen werden. Das war durchaus ein gesellschaftlicher Fortschritt. Überhaupt war das Mittelalter alles andere als finster, auch an der Burg Giebichenstein.

Die erste Burg war eine repräsentative und sehr komfortable Anlage. Das förderten Ausgrabungen in den 1960er Jahren zutage. Sichtbar wurden nun die Fundamente der ersten Burg, auf denen im 12. Jahrhundert ein Neubau errichtet worden war. Dieser zweite Bau wurde im Dreißigjährigen Krieg zerstört.

Zu Beginn des 19. Jahrhunderts besaß die verfallene Burg auf dem Felsen an der Saale eine magische Anziehungskraft für die Dichter der Romantik. Die Burg Giebichenstein ist auch Ort der bekannten Sage von Ludwig dem Springer. Der Thüringer Landgraf soll im Gefängnis dieser Burg eingekerkert gewesen sein, denn er hatte ein Verbrechen aus Leidenschaft begangen. Ludwig hatte sich in Adelheid, die Gemahlin des Pfalzgrafen Friedrich von Sachsen verliebt. Freiwillig gab der seine Frau nicht her. Ludwig wartete, bis er mit dem Pfalzgrafen zu einer Jagd ausritt. Dabei tötete er den Nebenbuhler.

Die Dichter der Romantik hatten sicher Gefallen an dieser tragischen Liebesgeschichte. Ludwigs Zeitgenossen verurteilten ihn zur Kerkerhaft auf Burg Giebichenstein. Aber wie sagte schon Shakespeares Romeo: »Kein steinern Bollwerk kann der Liebe wehren!« Ludwig floh durch einen beherzten Sprung in die Saale. Er heiratete seine Adelheid und lebte mit ihr glücklich und zufrieden bis ans Ende seiner Tage. Ein Blick vom hohen Felsen in die Saale genügt, und Sie verstehen, warum Historiker diese Flucht für eine Sage halten.

Adresse Seebener Straße 1, 06114 Halle (Saale) | **Anfahrt** über die A 14 bis Halle-Trotha, rechts auf die auf B 6 | **ÖPNV** Straßenbahn 7, 8, Haltestelle Burg Giebichenstein | **Öffnungszeiten** April täglich 10–18 Uhr; Mai–Okt. 10–20 Uhr | **Tipp** Wer schwindelfrei ist, genießt vom Burgturm eine wunderbare Aussicht.

HALLE

43 — Das Kino Lux
Tierische Nachbarn

Kino ist Urlaub vom Alltag. Für zwei Stunden tauchen wir in eine Welt voller großer und kleiner Abenteuer. In einem Programmkino erleben wir die kleinen Abenteuer. Die Filme erzählen von Menschen, für deren Geschichten in Blockbustern kein Platz ist. Es sind leise Filme, berührende Filme, Filme für Kinder und Filme für ein erwachsenes Publikum. Mit dem Besuch im Programmkino beweist man nicht nur einen differenzierten Filmgeschmack, sondern wird zum Bewohner einer Welt, die größer ist als Hollywood. Im Lux gibt es neben dem abwechslungsreichen Programm auch eine Reihe zum Thema »Globalisierung«. Die ausgewählten Filme erzählen von Ausbeutung und Entrechtung, aber auch von den einfallsreichen Strategien des Widerstands gegen eine menschenfeindliche Weltwirtschaft.

Das Kino Lux am Zoo heißt so, weil der Weg zum Eingang gleichzeitig auch zum Hallenser Zoo führt. Wenn Sie also an der Kinokasse Raubtiere brüllen hören, haben Sie nicht den Vorfilm verpasst, sondern die wilden Nachbarn gehört. Im Lux gibt es tatsächlich Vorfilme. Sie sind nicht so lang wie der »Defa Augenzeuge«, aber dafür geht es darin auch nicht um den Besuch eines befreundeten nordafrikanischen Diktators in der LPG »Neues Leben«. Aber vielleicht habe ich ja jetzt einen Kurzfilmer auf eine Idee gebracht.

Mit seinem Schwesterkino, dem »Puschkin«, unterhält das Lux am Zoo bis zu 70.000 Kinobesucher pro Jahr. Viele davon sind zu Stammgästen geworden. Die Jüngsten von ihnen können im Kino Lux Kinderfilmklassiker wie »Pippi Langstrumpf«, »Der Zauberer von Oz« und »Die Schneekönigin« entdecken. Das Lux gehört nicht zu einem großen Filmverleih und ist auch kein städtisches Kino. Das Kino Lux ist unabhängig. Und als unabhängiges Kino ist es aus Halle nicht mehr wegzudenken. Die Kinomacher sind zufrieden mit ihrer Rolle in der Stadt. Sie wünschen sich nur eins: noch mehr Experimentierfreude bei ihrem Publikum.

Adresse Seebener Straße 172, 06114 Halle (Saale) | **Anfahrt** über die A 14 bis Halle-Trotha, rechts auf die B 6 | **ÖPNV** Linie 8/98, Haltestelle Emil-Eichhorn-Straße (direkt am Hintereingang zum Zoo) | **Öffnungszeiten** im aktuellen Kinoprogramm unter www.luxkino.de | **Tipp** Ich empfehle hier natürlich einen Besuch im angrenzenden Zoo.

44 Der Krug zum Grünen Kranze

Das Wandern ist des Müllers Lust – das Trinken auch

Wir hassen es zu warten. Auf die Bahn, auf ein Taxi, auf eine Verabredung. Wartezeit ist tote Zeit. Warum sollten wir etwas anfangen, was wir sowieso abbrechen müssen, sobald unsere Verabredung auftaucht oder die Bahn kommt? Weil manchmal etwas sehr Schönes dabei herauskommen kann, wenn man die Wartezeit sinnvoll nutzt.

Im Mai 1818 saß der Dichter Wilhelm Müller im Krug zum Grünen Kranze und wartete auf Carl Adolf Basedow. Müller wollte Basedows Schwester ehelichen und wartete nun darauf, mit seinem zukünftigen Schwager die letzten Einzelheiten zu besprechen. Aber der Mediziner kam und kam nicht. Wilhelm Müller griff kurzerhand zu Stift und Papier und schrieb einen der größten Hits der deutschen Volkslieder: Das Wandern ist des Müllers Lust. Wahrscheinlich machte Basedow genauso riesige Augen, wie er sie später bei den an der Schilddrüse erkrankten Patienten beschrieb. Ein Hit war geboren, entstanden in der sinnlosen Wartezeit. So kann's auch gehen.

Der Krug zum Grünen Kranze entstand in der zweiten Hälfte des 19. Jahrhunderts. Das Fischerdörfchen Kröllwitz lockte mit seiner Landschaft die Hallenser Ausflügler und studentischen Verbindungen an. Gottlob Frönicke, eigentlich Zimmermann, erkannte den Trend und verkaufte aus einer zusammengezimmerten Theke heraus selbst gebrautes Bier. Sobald er frisches Hopfenbräu im Angebot hatte, hängte er den grünen Kranz aus dem Fenster. So kam das Lokal zu seinem Namen. Einigen Lesern dürfte noch die gleichnamige Schlagersendung des DDR-Fernsehens aus dem Lokal in Erinnerung sein. Heute ist der »Krug zum Grünen Kranze« ein Ziel für Touristen aus ganz Deutschland. Falls Sie dort jemals auf Ihre Verabredung warten müssen, wissen Sie ja jetzt, wie Sie die Zeit überbrücken können. Schreiben Sie einen Hit.

Adresse Talstraße 37, 06120 Halle (Saale), www.krugzugruenenkranze.de | **Anfahrt** mit dem Boot, flussabwärts etwa bei Kilometer 91, nach der Burg Giebichenstein am linken Ufer; flussaufwärts hinter der Schleuse Trotha, nach etwa 5 Minuten auf der rechten Seite | **ÖPNV** Straßenbahn 7, Haltestelle Talstraße | **Öffnungszeiten** Mo–Do 17–22 Uhr, Fr 17–1 Uhr, Sa 11.30–1 Uhr, So 11.30–22 Uhr | **Tipp** Schnuppern Sie Fußballatmosphäre bei einem Heimspiel des HFC im Erdgas Sportpark, Kantstraße 2.

45 Die Kunsthochschule
Was ist Kunst?

»Wenn ich wüsste, was Kunst ist, würde ich es für mich behalten«, sagte Pablo Picasso. Für Joseph Beuys war in seiner Zeit als Professor an der Düsseldorfer Kunstakademie jeder ein Künstler. Wer sich bei ihm bewarb, wurde angenommen, auch ohne eine Mappe mit eigenen Arbeiten. Auf der Burg Giebichenstein studieren insgesamt 1.000 Studenten. Sie haben sich alle mit einer Mappe ihrer Arbeiten beworben. Erst dann durften sie ins dreitägige Hauptverfahren, in dem sie noch einmal ihr Talent unter Beweis stellen mussten. Welcher Weg ist der bessere für einen Künstler? Die Malerin und Professorin der Kunsthochschule, Ute Pleuger, gibt darauf auf der Homepage der Uni eine ganz einfache Antwort: »So ist das Studium vor allem ein Prozess der Klärung. Klarheit wird es allerdings nicht geben.« Aha.

2015 wird die Kunsthochschule 100 Jahre alt. Zu ihren Lehrern gehörte einer der bedeutendsten Maler der DDR, Willi Sitte. Wer sich nur mit der Vita des späteren DDR-Kulturpolitikers Sitte befasst, wird sich wundern, wie unangepasst er in seiner Jugend war. Während des Nationalsozialismus flog er von der Hermann-Göring-Meisterschule für Malerei, musste deshalb als Soldat an die Ostfront. Nach einer Versetzung nach Italien desertierte er und schloss sich den Partisanen an. Nach dem Krieg war er Teil der unabhängigen Kulturszene um Christa Wolf, Wolf Biermann und Eva-Maria Hagen. Dann wurde er Professor an der Kunsthochschule Burg Giebichenstein. Ab 1964 machte er für die SED aktiv Politik. Darunter litten viele seiner Freundschaften, aber nicht seine Kunst. Die kraftvollen, fast barocken Bilder von Willi Sitte sind noch heute in ganz Europa begehrt.

Die Kunsthochschule befindet sich in der Unterburg der Burg Giebichenstein. Ihr Tor ist für Besucher offen. Auf dem Kunstcampus stehen Skulpturen. In der Luft liegt trotz der strengen Aufnahmeregeln ein Hauch von kreativer Anarchie.

Adresse Burg Giebichenstein, Seebener Straße 1, 06114 Halle (Saale), www.burg-halle.de | **Anfahrt** A 14 bis Halle-Trotha, dann rechts auf die B 6 | **ÖPNV** Straßenbahn 7, 8, Haltestelle Burg Giebichenstein | **Öffnungszeiten** Das Tor zum Kunstcampus schließt nach Veranstaltungsende. | **Tipp** Lassen Sie das rote Halstuch wehen und fahren Sie wie früher mit der »Pioniereisenbahn« über die nahe Peißnitzinsel.

HALLE

46 Das Museum für Vorgeschichte

Eine Familientragödie vor unserer Zeit

Ihre Großeltern waren noch als Nomaden durch die jungsteinzeitliche Landschaft gestreift. Ihre Eltern waren sesshaft geworden, sie lebten mit ihren Kindern schon in einer dörflichen Gemeinschaft. Die Familie hatte sich schon ein gutes Stück weit von der Natur emanzipiert. Aber sie war schutzlos gegen die Natur des Menschen. Ihre Mörder waren in der Überzahl und blutrünstig. Die Frau nahm die Kinder und floh. Der Vater versuchte sich zu wehren, doch vergeblich. Die Familie starb an diesem Tag vor über 5.000 Jahren. Ihre Skelette sind heute im Museum für Vorgeschichte zu sehen.

2005 fand man ihre und drei weitere Grabstätten im Burgenlandkreis. Die Toten lagen in ihrem Grab sehr dicht beisammen, teilweise so einander zugewandt, dass sich ihre Hände und Gesichter berührten. Diese Art der Bestattung legte von Anfang an die Vermutung nahe, dass es sich um eine Familie handelte. Den Beweis dafür erbrachte der Vergleich der DNA, die man den Knochen entnommen hatte. Bei der weiteren Untersuchung der Skelette entdeckte man die Spuren der Gewalt. Man fand Verletzungen der Armknochen, die beim Versuch, sich zu schützen, entstanden waren, eine Pfeilspitze, die in einem Wirbel stecken geblieben war, und sah die Schädel, die durch stumpfe Gewalteinwirkung gebrochen waren. Mit modernen forensischen Mitteln konnte man die Todesumstände rekonstruieren. Den Tätern kam man nicht auf die Spur.

Mit der Analyse der Strontium-Isotope aus den Knochen konnte außerdem nachgewiesen werden, dass die Mutter in einer ganz anderen Region groß geworden war. Wurde sie entführt? Oder kam sie freiwillig? Darüber kann man nur spekulieren. Sicher wissen wir nur, dass die Geschichte der Menschheit voller spannender Abenteuer ist. Einen großartigen Eindruck davon vermittelt das Museum für Vorgeschichte in Halle.

Adresse Richard-Wagner-Straße 9, 06114 Halle (Saale), www.lda-lsa.de | **Anfahrt** A 14 bis Halle-Trotha, rechts auf die auf B 6 | **ÖPNV** Linie 7 (Richtung Kröllwitz), Haltestelle Landesmuseum für Vorgeschichte | **Öffnungszeiten** Di–Fr 9–17 Uhr, Sa, So, feiertags 10–18 Uhr | **Tipp** In der Ausstellung können Sie die originale Himmelsscheibe von Nebra bewundern.

HALLE

47 — Die Skaterbahn
Freestyle in Ha-Neu

Beim Bummel durch Halles sanierte Altbaustraßen kann man fast vergessen, dass es die DDR jemals gegeben hat. Wer das nicht will, muss nur die Stadt über die Magistrale verlassen. Nach wenigen Minuten erreicht man Halle-Neustadt. Und da kriegt man die DDR noch einmal so richtig vor den Latz geknallt. Platte an Platte, so weit das Auge reicht. Hier ist die Zeit stehen geblieben, denkt man. Aber nur kurz, denn wenn man genau hinsieht, stellt man fest, wie viel sich verändert hat. Studenten leben hier in der Blockhouse-City, und aus der Straßenbahn steigen Jugendliche mit Skateboards. Die wollen sie nicht spazieren tragen, sondern damit auf einer der größten Skaterbahnen Europas fahren. Und die hätte es in der DDR nie gegeben.

Trotzdem verdankt die Skaterbahn ihre Existenz einem Beschluss des Politbüros der SED. Das entschied am 17. September 1963, in der Nähe von Halle eine »Chemiearbeiterstadt« zu errichten. Wahrscheinlich ahnten sie nicht, dass in ihrer sozialistischen Musterstadt einst junge Menschen mit viel zu großen Hosen auf rollenden Holzbrettern durch eine Betonlandschaft rasen würden. Halle-Neustadt, von seinen Einwohnern kurz Ha-Neu genannt, sollte Wohnstadt für die Chemiekombinate von Buna und Leuna sein. Am 9. August 1965 zogen die ersten Mieter ein. Nur sieben Jahre später lebten schon über 50.000 Menschen in Ha-Neu.

Ich kann mir nicht vorstellen, dass sich die DDR-Planer Manhattan zum Vorbild nahmen, aber genau wie dort verzichtete man auch in Halle-Neustadt auf Straßennamen. Stattdessen nummerierte man alle Eingänge und Wohnblöcke durch. Ein System, das auch Menschen, die in Halle-Neustadt geboren wurden, an die Grenzen ihrer Orientierung führte.

Nach 1990 bekamen die Straßen Namen. Und so findet man die Skaterbahn dort, wo sich die Magistrale mit der Hallorenstraße kreuzt.

Adresse An der Magistrale / Ecke Hallorenstraße, 06122 Halle, www.halle-rollt.de | **Anfahrt** A 14 bis Halle-Trotha, rechts auf die auf B 6 | **ÖPNV** Straßenbahn 10, 11, Haltestelle Neustadt | **Öffnungszeiten** täglich ab 10 Uhr, bis 22 Uhr mit Flutlicht | **Tipp** Gegenüber wartet ein Park, die sogenannte Grüne Galerie, mit vielen Skulpturen auf Ihren Besuch.

48 Der Dom
Symbol der Macht

Havelberg ist die nordöstlichste Gemeinde von Sachsen-Anhalt. Sie grenzt an drei Seiten an Brandenburg, und wer auf die Landkarte schaut, fragt sich, warum die Stadt nicht sowieso zu Brandenburg gehört. Ich glaube, es gibt nur einen vernünftigen Grund: sonst würde Havelberg bei den 111 Orten in Sachsen-Anhalt, die man gesehen haben muss, fehlen.

Havelberg entstand auf einer Insel in der Havel, die hier in die Elbe mündet. Die Stadt lebte Jahrhunderte vom Schiffbau, der Fischerei und der Schifffahrt. Geblieben sind davon eine Schiffsbauwerft und der Yachthafen. Ihre Gründung verdankt die Stadt Otto I., der das Gebiet von den Slawen erobert hatte und Havelberg zum Bistum machte. Von Havelberg aus sollten die Slawen weiter missioniert, also unterworfen werden. Die Slawen eroberten Havelberg bei einem Aufstand 983 zurück und zerstörten das Symbol von Ottos Macht, den Bischofssitz. Im 12. Jahrhundert führten die Christen einen Slawenfeldzug, und Havelberg gelangte wieder in ihren Besitz. Anselm, dann genannt Anselm von Havelberg, wurde Bischof des Bistums und weihte 1170 den neu errichteten Dom ein.

Seit über 900 Jahren liegt der Dom von Weitem sichtbar oberhalb der Altstadt von Havelberg und dominiert den Blick, zunächst als dreischiffige romanische Pfeilerbasilika. Nach einem verheerenden Brand im Jahre 1279 wurde das Langhaus bis 1330 im gotischen Stil wiederaufgebaut. Als Langhaus bezeichnet man den großen Teil der Kirche, der ursprünglich die Laien, also die Gemeinde, aufnehmen sollte. Heute finden Gläubige und Besucher dort ihren Sitzplatz. Der Dom ist bekannt für seine reiche Ausstattung. Vom Dom aus können Sie die Altstadt bequem zu Fuß erkunden. Danach empfehle ich eine Tour auf der Havel, im Hausboot, Motorboot oder am besten im Paddelboot. So bekommen Sie wirklich ein Gefühl für die Schönheit dieser Gegend.

Adresse Domplatz 3, 39539 Havelberg, www.havelberg-dom.de | **Anfahrt** von Magdeburg über die B 189 und B 107 | **ÖPNV** mit dem Linienbus der Regionalverkehrsbetriebe Westsachsen (RVW) von den Bahnhöfen Glöwen in Brandenburg, Schönhausen (Elbe), Tangermünde und Stendal | **Öffnungszeiten** April–Okt. Mo–Sa 10–18 Uhr, So und Feiertage 12–18 Uhr, Nov.–März Mi–Sa 10–16 Uhr, So und Feiertage, 12–16 Uhr | **Tipp** Folgen Sie dem Strom, und erleben Sie bei einer Wanderung zur Mündung der Havel die einmalige Natur.

49 — Schloss Hohenerxleben
Auferstanden aus Ruinen

Wohin, glauben Sie, zieht es eine abenteuerliche Gruppe von Künstlern und Kreativen? In die Straßenschluchten von New York? In ein Berliner Szeneviertel? Oder genau von da weg? Na, genau von da weg. Raus aus Berlin und rein in den Salzlandkreis. Und zwar exakt nach Hohenerxleben.

Hohenerxleben hat Ende der 1990er Jahre ungefähr 900 Einwohner, ein paar Haustiere und ein verfallenes Schloss, das Stück für Stück von den Neonazis der Umgebung auseinandergenommen wird. Trotzdem wollen die Berliner Künstler 1997 bleiben. Eine Entscheidung, die ihr Leben und das Schicksal des ganzen Ortes verändern wird. Um das verfallene Gemäuer kaufen zu können, gründen sie die »Kunst und Gesundungshaus GbR«. Ein halbes Jahr später geht daraus eine Stiftung hervor. Was so einfach klingt, ist im Alltag unglaublich schwer. Das Dach ist undicht, die Zimmer unbewohnbar. Für Handwerker fehlt das Geld, jeder Handgriff muss allein durchgeführt werden. Dabei werden sie von den Alten des Dorfes skeptisch beäugt und von den Jungen unverhohlen abgelehnt. Die Stiftungsmitglieder glauben an das Gute im Menschen, auch wenn diese Glatzen haben und Springerstiefel tragen. Sie gehen auf die Jugendlichen zu, bitten sie um Hilfe beim Wiederaufbau des Schlosses. Sie werden nicht enttäuscht. Die Jugendlichen räumen, von so viel Vertrauen begeistert, die Spuren ihrer eigenen Verwüstung weg. Es entsteht ein gemeinsames Gefühl der Verantwortung für das Schloss. Die Hohenerxlebener sind wieder stolz auf ihr 800 Jahre altes Kulturerbe.

Lassen Sie sich auf einem Rundgang durch das Schloss die spannende Geschichte von der Sanierung erzählen. Bleiben Sie zu einem russischen, spanischen oder afrikanischen Musikabend, die regelmäßig im Saal veranstaltet werden. Genießen Sie dazu die passenden Speisen und danach den Komfort der ehemals hochherrschaftlichen Gemächer.

Adresse Friedensallee 27, 39443 Hohenerxleben, www.schloss-hohenerxleben.de | **Anfahrt** A 14 Magdeburg–Halle, Abfahrt Staßfurt | **ÖPNV** mit der Bahn bis Bahnhof Staßfurt, von dort mit dem Bus oder Taxi (etwa 5 Kilometer) | **Öffnungszeiten** Mo geschlossen, Di–So 12–23 Uhr | **Tipp** Schlosshopping! Spazieren Sie entlang der Bode zum Schloss Neugattersleben. Es wird Ihnen gefallen.

50 — Das Kloster Jerichow
Diese Mauern pustet keiner um

Sieben große Trompeten ließen die Mauern von Jerichow, Entschuldigung, von Jericho einstürzen. Jericho heißt der Ort kurz vor Jerusalem, dessen Mauern laut der Bibel mit ein paar kräftigen Trompetenstößen zum Einsturz gebracht wurden. Die biblischen Spieler müssen ein ordentliches Lungenvolumen gehabt haben. Ich glaube, dass nicht mal Ernst Mosch und seine original Egerländer Musikanten auf dem Höhepunkt ihrer Blasmusik das hinbekommen hätten.

Der Ortsname Jerichow ist nicht biblisch, er kommt aus der slawischen Sprache und bedeutet Burg, Herrensitz des Tapferen. Alle Tapferkeit hat nichts genutzt, heute findet man nur noch einen kleinen Hügel, wo einst die stolze Burg stand.

Im Jahre 1144, gar nicht weit von der Burg entfernt, wird ein Kloster gegründet, das nur vier Jahre später wegen der lauten Nachbarn umzieht. An ruhigerer Stelle wird in der Spätromanik ein Kloster aus Backsteinen der Region gebaut. Seine mächtigen Westtürme ragen noch heute als Wahrzeichen des Jerichower Landes in den Himmel. Das Gebäude besticht durch die klare Linienführung und seine Ruhe. In der großen romanischen Basilika kann man zur inneren Einsicht gelangen oder weitergehen zu den ehemaligen Klausurräumen. Dort wird in einer Ausstellung die Geschichte des Klosters von der Gründung im 12. bis zur Auflösung durch die Reformation im 16. Jahrhundert erzählt.

Innerhalb der Klostermauern befindet sich der Klostergarten, der sich in einen Gemüse-, einen Feldfrucht- und einen Färbergarten unterteilt. Sie können an den Beeten entlangstreifen oder sie sich ganz bequem mit einem Kaffee in der Hand von einer Bank aus anschauen. Im Garten gibt es auch ein Café – probieren Sie im Sommer unbedingt das selbst gemachte Kräutereis.

Von Mai bis September finden in der Kirche des ehemaligen Klosters die beliebten Konzerte der »Jerichower Sommermusiken« statt – wahrscheinlich ohne Trompeten. Sicher ist sicher.

Adresse Klostergasse 1, 39319 Jerichow, www.kloster-jerichow.de | **Anfahrt** zum Beispiel von Genthin über die B 107 | **ÖPNV** Bus 742 ab Genthin oder Tangermünde (auch mit Fahrrädern) | **Öffnungszeiten** April–Okt. Mo–So 9.30–18 Uhr, Nov.–März Di–So und Feiertage 10–16 Uhr | **Tipp** Handwerklich interessierte Besucher entdecken im Backsteinmuseum, das auch im Garten liegt, vielleicht ein paar Anregungen für den eigenen Hausbau.

51 Das Denkmal zur Pflege der deutschen Sprache

»Reinigkeit« und Recht und Freiheit ...

Wenn Sie in Köthen der Spur der bunten Kühe folgen, werden Sie irgendwann auch auf das Denkmal der Gesellschaft zur Pflege der deutschen Sprache stoßen. Eine Gesellschaft zur Pflege der deutschen Sprache? Ist die denn wirklich nötig? Wer einmal zwei waschechte Köthener im angeregten Gespräch belauscht hat, weiß, die deutsche Sprache muss nicht nur gepflegt werden, sie ist in Köthen sogar in Gefahr. Deshalb ist es wohl auch kein Zufall, dass hier am Hofe von Fürst Ludwig zu Anhalt-Köthen ab 1617 der Sitz der ersten Gesellschaft zur Pflege der deutschen Sprache war. Ihr Ziel war laut Gründungsstatut: »... unsre edle Muttersprache, ... hinwieder in ihre uralte gewöhnliche und angeborne deutsche Reinigkeit ... einzuführen.« Dafür wurden Fremdwörter eingedeutscht, Arbeiten zur Grammatik veröffentlicht und kunstvolle Prosa geschaffen. 100 Jahre nach ihrer Gründung verschwand sie wieder von der Bildfläche.

Im Jahre 2007 hat sich eine Nachfolgegesellschaft in Köthen gegründet. Der neuen Gesellschaft liegen besonders die jungen Menschen am Herzen. Es gibt für sie einen jährlichen Schreibwettbewerb und den »Köthener Sprachtag«. Der soll keine trockene Veranstaltung sein, sondern ein »Kleines Volksfest der deutschen Sprache«. Ein kleines Volksfest der deutschen Sprache, das klingt doch viel attraktiver als »Melt«- und »Splash«-Festival, oder? So ein Volksfest zieht bestimmt auch mehr Jugendliche an als zum Beispiel »Rock am Brocken«.

In Zukunft wird Köthen ein Ort an der »Straße der deutschen Sprache« sein. Diese Straße soll Städte in Mitteldeutschland verbinden, welche die Pflege der deutschen Sprache mindestens genauso nötig haben wie Köthen. Ein Scherz! Die Organisatoren sind der Überzeugung, dass sich hier besonders viele Orte finden, die bedeutsam für die deutsche Sprache sind.

Adresse Schloßplatz 5, 06366 Köthen | **Anfahrt** über die B 185 bis Köthen-Zentrum | **Tipp** Planen Sie Ihren Köthen-Besuch so, dass Sie ein Konzert im Johann-Sebastian-Bach-Saal erleben können.

DEM GRÜNDER DER ERSTEN
GESELLSCHAFT ZUR PFLEGE DER
DEUTSCHEN SPRACHE

LUDWIG
FUERST von ANHALT-COETHEN
1579-1650

52 — Die Lutze-Klinik
Die erste Wellnessklinik der Welt

Köthen ist Geburtsstadt der Homöopathie, der alternativen Medizin. Ihr Vater ist ohne Frage Samuel Hahnemann, der am längsten in Köthen wirkte. Ihr schillerndster Vertreter jedoch war Arthur Lutze, der von seiner Klinik in Köthen aus Patienten auf allen fünf Kontinenten behandelte. Mitte des 19. Jahrhunderts galt er sogar als Wunderheiler. Arthur Lutze hatte sich selbstbewusst von Hahnemanns Lehre »Ähnliches mit Ähnlichem zu behandeln« wegentwickelt und seine Patienten darüber hinaus mit heute noch modernen Diätvorschriften versorgt. Dabei war Arthur Lutze zunächst Postbeamter. Er beschäftigte sich nur in seiner Freizeit begeistert mit Hahnemanns Schriften. Darin fand er seine eigentliche Bestimmung.

1846 kam Arthur Lutze als Heilpraktiker nach Köthen. Innerhalb kurzer Zeit platzte seine Praxis aus allen Nähten. Köthen war zu einem Wallfahrtsort der Globuli-Gläubigen geworden. Eine größere Praxis, eine ganze Klinik musste her.

Arthur Lutze tauschte zur Finanzierung des Großprojekts 100.000 selbst gedruckte »Lutze Taler« bei Spendern gegen echtes Geld. So konnte er nur ein Jahr später die modernste Klinik Europas eröffnen. Der Prachtbau im Stil der Neorenaissance bot diverse Heilbäder, eine Bibliothek, eine Kunstgalerie, eine Sternwarte, natürlich Einzelzimmer für betuchte Patienten und große Krankensäle. Arthur Lutze versorgte zeitlebens arme Patienten kostenlos. Das hatte keinen Einfluss auf seinen wirtschaftlichen Erfolg. In manchen Jahren behandelte er mit Hilfe seiner Assistenten mehr als 25.000 Patienten und beantwortete über 150.000 Anfragen aus aller Welt. Arthur Lutze empfahl ihnen eine vegetarische Ernährung, den Verzicht auf Alkohol, Nikotin und Kaffee. Er war also eine echte Spaßbremse und damit seiner Zeit weit voraus.

Sein ehemaliges Klinikgebäude beherbergt heute altersgerechte Wohnungen.

Adresse Springstraße 28, 06366 Köthen | **Anfahrt** von Dessau über die B 185, in Köthen über Bernburgerstraße, Stiftstraße auf die Springstraße | **ÖPNV** Bus 396, 472, Haltestelle Stiftstraße und Springstraße | **Öffnungszeiten** Der Park hinter der ehemaligen Klinik ist ganzjährig geöffnet. | **Tipp** Als Fotomotiv das Hahnemann-Lutze-Denkmal an Ecke Springstraße/Theaterstraße. Außerdem befindet sich im Garten der Lutze-Klinik der Ausgangspunkt des Homöopathiepfads durch Köthen.

53 Das Naumann-Museum
International einzigartig

Wenn Sie heute einen seltenen Vogel vom Himmel schießen, werden Sie wahrscheinlich auch als Ziebigker Bauer angezeigt. Vor 200 Jahren war das noch ganz anders. Da konnten Sie es auf diese Weise sogar zu internationalem Ruhm bringen. Vorausgesetzt, Sie stopften den Vogel aus, um ihn der Nachwelt zu erhalten. Der Ziebigker Bauer und Vogelkundler Friedrich Naumann tat genau das. Er durchstreifte seine Heimat auf der Suche nach immer neuen Vogelarten, um sie seiner Sammlung einzuverleiben. Als Herzog Ferdinand von Anhalt diese von Naumann aufkaufte, umfasste sie schon 691 Vögel aus 325 Arten.

Seit 1835 beherbergt der Ferdinandbau des Köthener Schlosses die Vogelsammlung, und zwar genau so, wie Friedrich Naumann seine toten, gefiederten Freunde damals aufstellte. Damit ist sie die einzig erhaltene Ausstellung nach Biedermeier Art, eine Epoche, die man kulturgeschichtlich lange als konservativ beschrieb. Heute kann man das Biedermeier einfach auf die bürgerliche Gemütlichkeit reduzieren.

Naumanns Schaukästen drücken diese Gemütlichkeit aus. Den Hintergrund vieler Vitrinen hat er farblich gestaltet, um so Anklänge an den natürlichen Lebensraum der Vögel zu schaffen. Aus der Not – damals war es unmöglich, große Scheiben herzustellen – machte Naumann eine Tugend und bezog die vertikalen und horizontalen Bleistege im Glas in das Gesamtkonzept mit ein.

Schon Naumanns Großvater hatte 1754 einen seltenen Tannenhäher geschossen und ausgestopft. Sein Vater erweiterte das zu einer kleinen Sammlung, wovon noch immer ein flavistischer Wendehals ausgestellt wird. Der flavistische Wendehals ist ein gelb gefärbter Vogel der Familie der Spechte, kein ehemaliger SED-Parteisekretär, der nun Lebensversicherungen an Rentner verkauft. Friedrich Naumanns beeindruckende Sammlung ist Kernstück der Dauerausstellung im weltweit einzigen Museum zur Geschichte der Vogelkunde.

Adresse Schloßplatz 4, 06366 Köthen, Tel. 03496/212074, www.museum-digital.de | **Anfahrt** über die B 185 | **ÖPNV** mit dem Zug bis zum Hauptbahnhof, weiter mit Bus 395, Haltestelle Bärplatz | **Öffnungszeiten** Mo geschlossen, Di–So 10–17 Uhr | **Tipp** Sie können über die Köthen-Information einen Besichtigungstermin für das Hahnemann Haus in der Wallstraße 47 vereinbaren, Tel. 03496/70099260.

MAGDEBURG

54 Der Elbauenpark
Spazieren ist schöner als marschieren

Der 28. Oktober 1908 war ein historischer Tag. An diesem Herbsttag gelang dem Magdeburger Ingenieur Hans Grade der erste motorisierte Flug in der noch jungen Geschichte der deutschen Luftfahrttechnik. Er erreichte dabei eine Flughöhe von sage und schreibe acht Metern! Zum Glück machte er seinen Hopser nicht am Rande eines Walds, sondern hob klugerweise vom Cracauer Anger ab, einem Gelände, das die Magdeburger seit der Bundesgartenschau von 1999 als Elbauenpark kennen.

Ursprünglich erstreckten sich dort von Bauern genutzte Elbwiesen. Daraus ging ein klassischer Park hervor, der ab Mitte des 19. Jahrhunderts auch militärisch genutzt wurde. Erst übten die preußischen Rekruten dort das Exerzieren, dann wurde ab 1872 auf einem Schießplatz scharf geschossen. Mit der friedlichen Nutzung war es nun für über 100 Jahre erst mal vorbei. Nach dem Zweiten Weltkrieg übernahm die Sowjetarmee die Kasernen. Erst 1992 zogen die letzten Soldaten in Richtung Russland ab. Zurück blieb ein Areal, das von unzähligen Geschossen und sonstigen Kampfmitteln verseucht war.

Die gefährlichen Spuren der Militärs sind längst entsorgt. Heute erstreckt sich auf 90 Hektar wieder eine großartige Kulturlandschaft. Entstanden ist auf dem Gelände eine einzigartige Symbiose aus Natur, stadtnaher Erholung, Unterhaltung, Sport und Kunst. Im Sommer ist der Park Schauplatz vieler verschiedener Events. Sie können also getrost den ganzen Tag im Park verbringen, zum Beispiel entspannt mit einem Spaziergang starten, zwischendurch auf einer der bereitstehenden Sonnenliegen ruhen, sich in einem der Restaurants stärken und am Abend Klassik im Park genießen, oder sportlich den Skaterparcours rocken, ein Pils am Kiosk zischen und zum Abschluss über »Olaf Schubert und Friends« auf der Seebühne lachen.

Ein ganzjähriges Highlight ist das Schmetterlingshaus. Über 200 Falter flattern durch den tropischen Pavillon.

Adresse Tessenowstraße 5, 39114 Magdeburg, www.mvgm.de/de/elbauenpark | **Anfahrt** über die A2, Abfahrt Magdeburg-Zentrum | **ÖPNV** Straßenbahn 5, Haltestelle Messegelände; Straßenbahn 6, Haltestelle Herrenkrug | **Öffnungszeiten** März 10–18 Uhr, ab 30. März 9–18 Uhr, Mai–Aug. 9–19 Uhr, Sept.–Okt. 9–18 Uhr, Nov.–Feb. geschlossen; Eintritt frei | **Tipp** Nicht nur für Kinder ist es ein Vergnügen, im Park mit der Sommerrodelbahn den Deponieberg hinabzurodeln.

55 Die Elbuferpromenade
Angeschlossen an die Lebensader

Es war einmal der Mensch, und der lebte schon lange vor der letzten Eiszeit an der Elbe. Das beweisen 150.000 Jahre alte Faustkeilfunde in der Region. Menschen zieht es seit jeher zum Wasser. Wasser löscht den Durst, es macht den Boden fruchtbar und als Fluss bringt es den Menschen zu anderen Menschen.

Die Elbe entspringt auf einer Höhe von 1.386 Metern im Riesengebirge, nahe der tschechischen Stadt Špindlerův Mlýn. Wer Špindlerův Mlýn fehlerfrei aussprechen kann, bekommt von mir ein echtes Pilsner oder auch zwei oder drei ausgegeben. Von ihrer Quelle bis zur Mündung in die Nordsee legt die Elbe 1.094 Kilometer zurück. Dabei passiert sie weitere klingende Orte wie Ústí nad Labem und eben Magdeburg.

Die Elbe fließt nicht einfach nur an einem Ort vorbei. Der Fluss nimmt an der einen Stelle etwas weg und lässt an einer anderen Stelle etwas zurück. Eine Kastanie, die ein Junge beim Spaziergang an der Magdeburger Elbpromenade ins Wasser kickt, ist Stunden später in Tangermünde, passiert am nächsten Tag Hamburg, lässt sich von der Strömung durch die Nordsee ziehen, um irgendwann von einem anderen Jungen aus dem Bundestaat Maine, der mit seinem Hund am Strand des Atlantiks tobt, gefunden zu werden.

Bis in die 1970er Jahre wurde das Magdeburger Elbufer gewerblich genutzt. Dann verschwanden die Schiffsmühlen und Lagerhallen. Das Ufer wurde wieder in die Mitte der Stadt zurückgeholt.

Aus einem Ort der Arbeit ist ein Ort der Erholung geworden. Bei einem Spaziergang werden Sie feststellen, dass dieser Prozess noch nicht abgeschlossen ist. Aber mit jedem Magdeburger und mit jeder Touristin, die über die Elbpromenade flanieren, wird das Ufer lebendiger. Die dort liegenden Restaurants und Cafés bieten bei jedem Wetter einen wunderbaren Blick auf die sanft dahinfließende Elbe.

Adresse Schleinufer, 39104 Magdeburg | **Anfahrt** über die A2 bis Abfahrt Magdeburg-Zentrum | **ÖPNV** Straßenbahn 2, 5, 9, Haltestelle Domplatz | **Tipp** Gehen Sie entlang der Elbe über die Sternbrücke in den Rotehornpark.

MAGDEBURG

56 Das Grab der Editha
Direkt vor der Nase

Über Generationen hatte man in Magdeburg keine Ahnung, wo sich das Grab der ersten Frau von Otto I. befand. Der Frau, der er Magdeburg zum Geschenk gemacht hatte, die er jung im Jahre 946 verlor und von der er sich wünschte, eines Tages neben ihr beigesetzt zu werden. Wo war das Grab von Königin Editha?

Im Dom, und zwar in unmittelbarer Nähe zu Ottos Grab. Es war seit 500 Jahren immer an derselben Stelle unter einer Steinplatte, auf der auch noch der Name der Königin stand. Aber das war den Archäologen zu einfach. Sie nannten es ein »Scheingrab«, nach dem Motto, nur weil Editha draufsteht, muss sie ja nicht drinliegen. Vielleicht hätte man mal einfach reingucken sollen. Das geschah erst Ende 2008, und das auch nur zufällig. Dort, wo sich heute der Dom erhebt, stand bis 1207 das Mauritiuskloster, das Otto I. 937 eröffnet hatte. Das vermutete man bis 2001 auch woanders, bis man bei Grabungen am Dom auf dessen Fundamente stieß. Im November 2008 hob man die Steinplatte von Edithas »Scheingrab« ab, um weiter nach Fundamenten zu suchen, und fand einen Bleisarg. Der enthielt Gebeine. Und jetzt raten Sie mal, wessen Gebeine? Genau, die von Editha, die seit 1510 genau dort geruht hatten. Aber wie fand man das heraus? Von Verwandten konnte Editha ja nicht mehr identifiziert werden.

Die Archäologen schickten Edithas Zähne nach England. Mein erster Gedanke war, guck an, die Engländer bewahren ihre Unterlagen vom Zahnarzt aber lange auf. Das ist natürlich Quatsch. Mit einer aufwendigen Untersuchung kann man am Zahn genau feststellen, wann und wo jemand aufwuchs. Die Entdeckung war eine Sensation und machte Editha in Magdeburg zu einer Art Lady Diana des Mittelalters.

Am 22. Oktober 2010 nahmen hunderte Magdeburger im Dom an Edithas erneuter Beisetzung teil. Die kann man zur Not fragen, falls man noch mal vergisst, wo sich Edithas Grab befindet.

Adresse Magdeburger Dom, Am Dom 1, 39104 Magdeburg, www.magdeburgerdom.de | **Anfahrt** über die A2, Abfahrt Magdeburg-Zentrum | **ÖPNV** mit der Bahn bis Hauptbahnhof, weiter mit der Straßenbahn 2, 5, 9, 10, 92, Haltestelle Domplatz | **Öffnungszeiten** Dom: Mai–Sept. 10–18 Uhr, Okt. 10–17 Uhr, Nov.–März 10–16 Uhr, April 10–17 Uhr, So und kirchliche Feiertage erst ab 11.30 Uhr | **Tipp** Erleben Sie eines der vielen Orgelkonzerte im Dom. Nähere Infos unter: www.magdeburgerdommusik.de

MAGDEBURG

57 — Der Jahrtausendturm
Wer? Wie? Was?

Wie funktioniert ein Stirling-Heißgasmotor? Was ist eine Fixsternparallaxe? Wie sieht es in einer Alchimistenküche aus? Und warum purzeln wir nicht einfach von der Erde? Wenn Sie diese Fragen so beantworten können, dass Zehnjährige Sie verstehen, waren Sie bestimmt schon im Jahrtausendturm, dem Wahrzeichen des Elbauenparks. Auf fünf Etagen erklären 400 Exponate chronologisch 6.000 Jahre menschliche Wissenschaft. Und das so anschaulich, dass auch Physik-Ignoranten und Mathe-Verweigerer ihren Spaß haben. 150 der Exponate kann man anfassen und ausprobieren. Der ganze Turm ist eine interaktive Reise durch die Geschichte menschlicher Erfindungen. Sie können Wasserrad treten, in Spiegelschrift schreiben, Düfte erkunden oder im »magischen Raum« die optischen Perspektiven auf den Kopf stellen. Anfassen ist hier nicht nur erlaubt, sondern ausdrücklich erwünscht.

Von Etage zu Etage erleben Sie die Entwicklung der Wissenschaft. Von der Balsamierung ägyptischer Mumien bis zur modernen Gentechnik, von der Erfindung des Buchdrucks bis zur Entdeckung des Mikrokosmos. Sehen Sie alles auf einmal oder kommen Sie immer wieder. Ich verspreche Ihnen, Sie werden jedes Mal wieder etwas Neues, Spannendes aufspüren.

Wem nach fünf Etagen Wissenschaft der Kopf qualmt, der kann sich auf der sechsten Etage den Raum zwischen den Ohren wieder freipusten lassen. Nach 243 Stufen bietet sich auf 43 Metern Höhe ein sensationeller Blick auf den Elbauenpark. Mit seiner Gesamtgröße von 60 Metern ist der Jahrtausendturm der höchste Holzturm Deutschlands.

Die Magdeburger verdanken diesen Turm der Bundesgartenschau von 1999. Der Schweizer Bildhauer Johannes Peter Staub lieferte dafür das künstlerische Gesamtkonzept: ein Turm aus dem nachwachsenden Rohstoff Holz und in seinem Inneren eine Ausstellung über 6.000 Jahre Entwicklung von Mensch und Technik.

Adresse Tessenowstraße 7, 39114 Magdeburg, www.jahrtausendturm-magdeburg.de | **Anfahrt** über die A 2 bis Abfahrt Magdeburg-Zentrum | **ÖPNV** Straßenbahn 5, Haltestelle Messegelände, oder Straßenbahn 6, Haltestelle Herrenkrug | **Öffnungszeiten** April Di–So und Feiertage 10–18 Uhr, Mai–Sept. Di–So und Feiertage 10–18 Uhr, Okt. Di–So Feiertage 10–18 Uhr, Nov.–März geschlossen | **Tipp** Interessant ist der Kugelfänger in der Mitte des Elbauenparks, der so heißt, weil er den sowjetischen Soldaten tatsächlich als Kugelfang diente.

MAGDEBURG

58 Die Paradiesvorhalle
Wer vergesslich ist, den bestraft der liebe Gott

Im nördlichen Querhaus des Magdeburger Doms befindet sich die Paradiesvorhalle. Adam und Eva sind dort nicht zu finden, stattdessen zehn Jungfrauen, fünf kluge und fünf törichte. Klug muss man nicht erklären, aber das Adjektiv töricht wird heute nur noch selten verwendet. Es bedeutet so viel wie gedankenlos oder unbedacht. Die Figuren aus der Zeit um 1250 gelten als Meisterwerke der mittelalterlichen Bildhauerkunst. Völlig zu Recht. Sehr elementare Gefühle werden hier extrem plastisch zum Ausdruck gebracht. Die klugen Jungfrauen strahlen vor Freude. Sie machen das von still verhalten bis hin zu euphorischer Freude. Die Gesichter der Törichten dagegen erzählen von großem Entsetzen und völliger Verzweiflung. Der mittelalterliche Betrachter sah darin seine ureigenen Gefühle und Ängste widergespiegelt.

Die Geschichte der Jungfrauen ist ein Gleichnis aus der Bibel. Zehn Jungfrauen gehen mit Lampen unterm Arm Jesus entgegen. Fünf mit Öl für die Lampe, fünf ohne Öl. Die Nacht bricht an, alle Jungfrauen knacken ein. Dann kommt er, der Herr Jesus, aber nur die mit genug Öl in der Lampe können ihn in der Dunkelheit finden. Die anderen müssen erst Öl kaufen und kommen natürlich zu spät. Jesus zeigt ihnen die kalte Schulter, deshalb die Verzweiflung in ihren Gesichtern.

Heute sieht man so große Verzweiflung in den Gesichtern junger Frauen höchstens noch, wenn sie zu spät zur Autogrammstunde von Justin Bieber kommen.

Im Mittelalter symbolisierten die klugen Jungfrauen die christliche Seele, die sich in fünffacher Weise tugendhaft Gott zuwendet. Die törichten Jungfrauen standen für fünf Arten der fleischlichen Lust. Jungfrauen und fleischliche Lust? Von mir aus kann jeder glauben, was er will. Fest steht, dass die zehn Figuren der törichten und klugen Jungfrauen ein absolutes Glanzstück der mittelalterlichen Bildhauerkunst sind.

Adresse Magdeburger Dom, Am Dom 1, 39104 Magdeburg | **Anfahrt** über die A 2, Abfahrt Magdeburg-Zentrum | **ÖPNV** Straßenbahn 2, 5, 9, Haltestelle Domplatz | **Öffnungszeiten** Dom: Mai–Sept. 10–18 Uhr, Okt. 10–17 Uhr, Nov.–März 10–16 Uhr, April 10–17 Uhr, So und kirchliche Feiertage ab 11.30 Uhr | **Tipp** Sie sollten sich unbedingt das Hundertwasserhaus in der Nähe anschauen.

MAGDEBURG

59 Die Plastik der »Mechthild von Magdeburg«

Alles fließt

Am nördlichen Ende des Fürstenwalls steht eine Frau auf einem Sockel: Mechthild von Magdeburg, Engel der Armen und bedeutende deutsche Mystikerin des Hochmittelalters. Die Stadt im Rücken blickt sie gütig lächelnd zur Elbe. Das Kristall greift Mechthilds bildhafte Sprache und Gedankenwelt auf. Wie Mechthild in ihrem Buch vom »fließenden Licht der Gottheit« erzählt, so wird die Plastik heute vom Licht der Sonne durchdrungen. Erschaffen wurde die Figur von der kanadischen Bildhauerin Susan Turcot.

Mechthild wurde um 1207 auf einer Burg in der Nähe der Stadt geboren. Mit zwölf Jahren hatte sie erste Gotteserfahrungen. 1230 zog sie aus Liebe nach Magdeburg, aus Liebe zu Gott. Sie wird eine weltliche Ordensfrau und schließt sich der Armutsbewegung an. Mechthild war Anhängerin einer Neuerungsbewegung, die auf Macht und Reichtum verzichtete, um sich den Armen und Hilfsbedürftigen zu widmen. Sie wird eine Art Mutter Theresa, engagiert sich in der Krankenpflege und macht Sozialarbeit. Immer wieder erlebte sie in dieser Zeit Gotteserfahrungen. Dafür muss man heute schon ordentlich LSD einwerfen. Ab 1250 beginnt sie mit der Aufzeichnung der Erfahrungen. Mitte des 13. Jahrhunderts lebt Mechthild ohne Ehemann, vom eigenen Geld und unter gleichgesinnten Frauen in der Stadt. Sie liest und schreibt auch noch selbst Bücher, und die auch noch in der verachteten Sprache des Volkes. Zu sagen, dieses emanzipierte, freie Leben hätte die Würdenträger provoziert, wäre maßlos untertrieben. Erschöpft von ewigen persönlichen Angriffen, zieht sie sich auf das Kloster Helfta zurück. Zu ihrer eigenen Überraschung erlebt sie dort einen zweiten literarischen Frühling.

Mechthilds Leben war eine aufregende Reise. Sie können auf einer Reise durch Magdeburg Station an ihrer gelungenen Plastik machen.

Adresse Fürstenwall, 39104 Magdeburg | **Anfahrt** über die A2 bis Abfahrt Magdeburg-Zentrum | **ÖPNV** Straßenbahn 2, 5, 9, Haltestelle Domplatz | **Tipp** Der ehemalige Bahnsteig an der Elbuferstraße, der eigens nur für Kaiser Wilhelm gebaut wurde.

MAGDEBURG

60_ Die Stadthalle
Erholen, johlen und rocken!

Am 29. Mai 1927 wurde die Stadthalle Magdeburg eröffnet. Der Auftrag der Stadt lautete, einen »würdevollen Monumentalbau mit volksbildungsmäßiger Erlebnismöglichkeit« zu errichten. 85 Jahre später reißen sich auf der Bühne des Hauses die »Chippendales« vor johlenden Frauen die Klamotten vom Leib. Extrem würdevoll, natürlich.

Der Anblick der Stadthalle am Elbufer ist nach wie vor beeindruckend. Es ist das bedeutendste Bauwerk des Architekten Johannes Göderitz. Göderitz war ein Vertreter des »Neuen Bauens«. Dessen Anhänger entwickelten durch den Einsatz neuer Materialien und durch die sachliche Innenausstattung eine völlig neue Form des Bauens. Unter Johannes Göderitz' Leitung entstand so die damals modernste Veranstaltungshalle Deutschlands. In den ersten Jahren gastierten weltberühmte Dirigenten wie Wilhelm Furtwängler und Otto Klemperer in der Stadthalle. Sie liebten die einmalige Akustik des Hauses.

Johannes Göderitz wurde 1933 von den Nazis wegen »Kulturbolschewismus« als Stadtbaurat entlassen. Seine Stadthalle wurde von amerikanischen Bomben stark zerstört. Erst 1966 konnte sie wiedereröffnet werden. Der große holzvertäfelte Saal der Stadthalle ist immer noch sehr imposant, egal, ob sich die Chippendales gerade darin ausziehen oder nicht.

Bevor Sie ein Konzert oder sonst etwas in der Stadthalle besuchen, lege ich Ihnen einen Abstecher in den nahen Rothehornpark ans Herz. Im Sommer ist das wirklich einer der coolsten Orte in der Landeshauptstadt. Das jährliche »Rock im Stadtpark«-Festival ist Magnet für Tausende junge Menschen aus der ganzen Region. Erfunden wurde es von der Magdeburgerin Janin Niele. Sie wollte einfach nur ihre Lieblingsbands in die Stadt holen. Herausgekommen ist ein immer beliebter werdendes zweitägiges Rockfestival. Respekt, Janin! Wer es ruhiger mag, kann am Wochenende Livemusik im Biergarten genießen.

Adresse Heinrich-Heine-Platz 1, 39114 Magdeburg, www.mvgm.de/de/stadthalle | **Anfahrt** über die A2 bis Abfahrt Magdeburg-Zentrum | **ÖPNV** Bus 59, Haltestelle Stadthalle | **Tipp** Vom 60 Meter hohen Aussichtsturm (mit Aufzug) genießen Sie einen einmaligen Blick über die Landeshauptstadt.

MAGDEBURG

61 Die Sternbrücke
Walk of hope

Auf dem Hollywood Boulevard in Los Angeles sind in den Gehweg Sterne eingelassen. In den Sternen stehen die Namen von Prominenten aus der amerikanischen Unterhaltungsindustrie. Berühmte Namen wie Humphrey Bogart und Sharon Stone. An der Magdeburger Sternbrücke sind die Namen von völlig Unbekannten zu lesen. Namen von ganz normalen Magdeburgern, die weit davon entfernt sind, in einem Tatort die Leiche zu spielen, geschweige denn die Hauptrolle in einem Hollywoodfilm. Diese Magdeburger haben etwas viel Wichtigeres geleistet. Sie haben ein Zeichen für ihre Stadt gesetzt. Sie haben sich am Aufbau der neuen Sternbrücke beteiligt.

Die neue Sternbrücke verbindet die Altstadt mit dem Park auf der Rothehorn-Insel. Sie ist 242 Meter lang, 15 Meter breit und nur für Fußgänger und Radfahrer geöffnet. Die alte Brücke war breiter, hatte vier Fahrspuren. Sie wurde am 12. April 1945 von Wehrmachtssoldaten gesprengt, um die heranrückenden Amerikaner aufzuhalten. Die Amerikaner kamen trotzdem. Die Trümmer der Rundbögen stachen wie Knochen aus einer offenen Wunde über der Elbe. Ab 1991 gab es Pläne und Überlegungen, die Sternbrücke wieder aufzubauen. Am 11. September 2002 begannen, zur großen Freude der Magdeburger, die Bauarbeiten. Nicht einmal drei Jahre später, 60 Jahre nach ihrer Zerstörung, wurde die neue Sternbrücke vor über 100.000 Menschen eingeweiht. Der Zweite Weltkrieg war nun auch an dieser Stelle endgültig beendet. 2005 war auch das 1.200. Jahr des Bestehens von Magdeburg. 1.200 Sterne konnten die Magdeburger kaufen und so einen kleinen Beitrag zum Wiederaufbau der Brücke leisten. Dieser Beitrag geht über das finanzielle Engagement weit hinaus.

Auf einem Spaziergang von der Altstadt zum Rothehornpark begegnen Ihnen keine Hollywoodstars, Sie können auf den Sternen die Namen von Menschen lesen, die sich für ihre Heimat einsetzen, die ihre Stadt lieben.

Adresse Altstadtufer, 39104 Magdeburg | **Anfahrt** über die A2 bis Abfahrt Magdeburg-Zentrum | **ÖPNV** Straßenbahn 2, 8, Haltestelle Plankstraße | **Tipp** Ein Besuch im Otto-von-Guericke-Museum am Schleinufer 1 ist für Magdeburgreisende eigentlich Pflicht.

62 — Das Carlswerk
Die Frauen springen rum, die Männer müssen schuften

Vor langer, langer Zeit, als Twix noch Raider hieß und Riesen den Harz bevölkerten, lebte ein Riesenfräulein oberhalb des Selketals. Dieses Riesenfräulein liebte einen Riesenprinzen, doch der lebte unerreichbar auf der anderen Seite des Tals. Das Riesenfräulein verzehrte sich nach ihm. Als der Riesenprinz dann eines Tages aufreizend auf der anderen Seite des Tals aus seiner Burg schritt, drehte das Riesenfräulein durch. Es nahm Anlauf und sprang über die Schlucht direkt in die Arme des Geliebten. Ich glaube, sie wurde später unter dem Namen Heike Drechsler Olympiasiegerin im Weitsprung. Der Ort heißt seit diesem Sprung Mägdesprung.

Heute springt dort keiner mehr rum, sondern nur noch was direkt ins Auge, nämlich das alte Carlswerk, eines der bedeutendsten Industriedenkmäler der Region.

Ursprünglich 1646 von Fürst Friedrich von Anhalt-Bernburg-Harzgerode als »Eisenhütte unterm Mägdesprung« gegründet, war das Carlswerk bis 1989 ein Maschinenbaubetrieb des Mägdesprunger Eisenhüttenwerks. Die Maschinenausstattung im Erdgeschoss ist noch genau so wie am letzten Produktionstag. In der 1865 errichteten Werkhalle wurden die damals neu entwickelten Möglichkeiten des Bauwesens ausgeschöpft. Das Aufleben der Ziegelwölbetechnik, der Einsatz von Glas und Gusseisen stehen für den Aufbruch in ein neues Zeitalter der Industriearchitektur. Die Gestaltung der Eingangstür und der Fenster zitiert sogar die Palastarchitektur der italienischen Renaissance. Im Unterschied zu den italienischen Palästen wurde im Carlswerk aber nicht geprasst, sondern gearbeitet. In der Ausstellung kann man heute auch besichtigen, womit die Menschen geschuftet haben. Mechanische Maschinen aus der ersten Hälfte des 20. Jahrhunderts geben einen guten Eindruck von der Arbeitswirklichkeit der Zeit. An den Wänden hängen noch alte Urlaubsgrüße von der Ostsee und dem Balaton. Postkarten schreiben … Lang, lang ist es her.

Adresse Kreisstraße, 06493 Mägdesprung, www.harzgerode.de | **Anfahrt** über die B 185, von Harzgerode weiter über die L 235 | **Öffnungszeiten** März–Okt. täglich 10–16 Uhr, außerhalb dieser Öffnungszeiten kann nach Anmeldung in der Stadtinformation Harzgerode eine Führung gebucht werden unter Tel. 039484/7476703 | **Tipp** Sie sind im Harz, schnüren Sie also die Schuhe und machen Sie eine Wanderung durchs malerische Selketal.

MOLMERSWENDE

63 Das Geburtshaus von Gottfried August Bürger

Der Ritt auf der Kanonenkugel

Molmerswende hat ungefähr 250 Einwohner und liegt zwischen Harzgerode und Hettstedt. Es ist umgeben von Natur, sehr viel Natur. Also nichts gegen Molmerswende, aber wahrscheinlich würde man es als Tourist links liegen lassen, wenn es nicht einen der phantasiereichsten Dichter Deutschlands hervorgebracht hätte: Gottfried August Bürger. Kaum jemand kennt noch den Namen, aber fast jeder hat schon mal von seinem berühmtesten Werk »Münchhausen« gehört. Die Jüngeren unter uns erinnern sich noch an Hans Albers, der in der ersten Verfilmung des Stoffes 1943 auf einer Kanonenkugel reitet.

Vor dem »Münchhausen« galt Gottfried August Bürger als einer der wichtigsten Vertreter des »Sturm und Drang«. Er war Begründer der deutschen Ballade und Schöpfer so schöner Worte wie Lausejunge. Theodor Fontane bewunderte Bürger für seine schaurigschöne Ballade »Lenore«. In der ruft die Heldin aus: »O Mutter! was ist Seligkeit? O Mutter! was ist Hölle? Bei ihm, bei ihm ist Seligkeit, Und ohne Wilhelm Hölle!« Lenore hadert darin mit Gott und landet am Ende im Grab des geliebten Wilhelm.

Ähnlich dramatisch war auch Bürgers Leben selbst. Er studierte auf Druck der Familie Theologie in Halle, dann freiwillig Rechtswissenschaften in Göttingen. Dort freundete er sich mit Literaten des Sturm und Drang an und suchte die Nähe zu Aufklärern. Er heiratete, verliebte sich aber in die Schwester der Braut. Zweitweise wohnten alle drei unter einem Dach, was damals für jede Menge Tratsch sorgte und Bürger in die Verzweiflung trieb. Nach dem frühen Tod der beiden Schwestern heiratete er ein junges Mädchen und verstieg sich in aberwitzige Eifersucht, ein Leben wie ein Roman.

1794 starb Gottfried August Bürger an Schwindsucht. An sein Leben und Schaffen erinnert das Museum in seinem Geburtshaus in Molmerswende.

Adresse Hauptstraße Molmerswende 14, 06343 Mansfeld-Südharz, www.gottfried-august-buerger-molmerswende.de | **Anfahrt** über die B 242, die L 230 über Abberode, dann Richtung Molmerswende | **Öffnungszeiten** täglich 11–16 Uhr geöffnet | **Tipp** Die berühmte Burg Falkenstein liegt in der Nähe und wartet nur auf Ihren Besuch.

64 — Die Domfenster
Viel Rauch für nichts

Neo Rauch gehört zu den wichtigsten Malern der Gegenwart, seine Kunst hängt in den großen Museen der Welt, und seine Bilder werden für sehr viel Geld von Sammlern gekauft. Die von ihm gestalteten Fenster in der Elisabethkapelle des Naumburger Doms sind also von großem Wert. Doch gekostet haben sie nichts. Wie vor ihm Gerhard Richter in Köln hat Neo Rauch seine Fenster dem Naumburger Dom gestiftet. Anders als Richter in Köln hat Rauch nicht ein großes Fenster gestaltet, sondern drei kleinere Fenster in der Elisabethkapelle. Sie stellen Lebensstationen der Heiligen Elisabeth von Thüringen dar und wurden 2007, im Jahr ihres 800. Geburtstags, zum ersten Mal der Öffentlichkeit gezeigt.

Zu sehen sind die Verabschiedung Elisabeths von ihrem Gatten Ludwig, Sohn des Landgrafen Hermann von Thüringen, der zum Kreuzzug aufbricht, wo er den Tod findet, die Mantelspende der Heiligen Elisabeth und die Krankenpflege in dem von ihr in Marburg gegründeten Armenhospital. Die Fenster leuchten im Gegenlicht rubinrot. Der ein oder andere dürfte sich bei ihrer Betrachtung an sozialistische Agitprop-Plakate der Nachkriegszeit erinnert fühlen. Man könnte auch sagen, die Rauch-Fenster hauchen der Heiligenverehrung ein bisschen Leben ein.

Der Naumburger Dom entstand im ersten Drittel des 13. Jahrhunderts. Er ist berühmt für die einzigartige Kunst des sogenannten Naumburger Meisters. Seine Figur der »Markgräfin Uta« machte diese zur schönsten Frau und ihn zu einem der berühmtesten Künstler des Mittelalters.

In der Elisabethkapelle befindet sich die älteste Steinskulptur der »Heiligen Elisabeth von Thüringen«. Die mittelalterliche Darstellung von Heiligen prägte über Jahrhunderte die Vorstellung der Menschen von ihnen. Neo Rauch hat sich davon freigemacht. Wer seine heilige Elisabeth in Ruhe betrachtet, wird an eine sehr starke und emanzipierte Frau denken.

Adresse Domplatz 16, 06618 Naumburg, www.naumburger-dom.de | **Anfahrt** über die A 9, Abfahrt Naumburg, dann weiter auf der B 180 | **ÖPNV** mit der Bahn bis Naumburg-Hauptbahnhof | **Öffnungszeiten** März–Okt. Mo–Sa 9–18 Uhr, So und Feiertage 11–18 Uhr, Nov.–Feb. Mo–Sa 10–16, So und Feiertage 12–16 Uhr | **Tipp** Neben anderen großartigen Exponaten können Sie im Westflügel eine Altartafel von Lucas Cranach dem Älteren bewundern.

NAUMBURG

65 Das Max-Klinger-Haus
Heute top, morgen Flop!

Das Max-Klinger-Haus liegt in einer einmalig schönen Landschaft inmitten eines Weinbergs. Von dort hat man einen phantastischen Blick auf Naumburg und die Mündung der Unstrut in die Saale.

Am 4. Juli 1920 starb der Grafiker, Maler und Bildhauer Max Klinger und wurde auf seinem Weinberg beigesetzt. Die Trauerfeier war ein gesellschaftliches Großereignis. Der Oberbürgermeister von Klingers Geburtsstadt Leipzig hielt eine Trauerrede. Namhafte Zeitgenossen und Künstler erwiesen ihm die letzte Ehre. Seine Grabstätte schmückt die lebensgroße Bronzeplastik eines knienden Athleten. Diese hatte Klinger im Jahr 1901 selbst modelliert. Für die Figur stand ihm Lionel Strongfort Modell, ein Berufsathlet, der zu jener Zeit als »moderner Herkules« mit kraftakrobatischen Vorführungen weltweit in Varietés auftrat. Max Klinger war um die vorletzte Jahrhundertwende ein weltweit bekannter Künstler. Er wurde mit zahlreichen Preisen und Auszeichnungen geehrt, darunter mit dem Orden »Pour le Mérite«, dem höchsten Orden, den die preußische Monarchie vergeben konnte. In dieser Zeit häuften sich bei Klinger Aufträge für monumentale Gemälde und Skulpturen. Das Bildungsbürgertum des ausgehenden Kaiserreichs liebte seine Kunst.

Nach dem Ersten Weltkrieg verschwand das Kaiserreich und mit ihm auch Klingers größte Verehrer. Die Erfahrung des Kriegs und die anschließende Not brachten andere Themen und Darstellungsformen in die Kunst. Max Klinger war out. Nach seinem Tod geriet er fast vollständig in Vergessenheit.

Seit der Ausstellung »Wege zum Gesamtkunstwerk« 1984 in Hildesheim wurde das Interesse an Klingers Werk wieder geweckt. Bis heute finden teils opulent gestaltete und wissenschaftlich unterlegte Ausstellungen in ganz Deutschland statt. Im Klinger-Haus gibt eine Dauerausstellung einen umfassenden Einblick in das Leben und Schaffen des Künstlers.

Adresse Blütengrund 3, 06618 Naumburg-Großjena, www.mv-naumburg.de/klingerhaus | **Anfahrt** von Naumburg über die B 180 Richtung, rechts halten auf den Schulverkehr, dann rechts in den Blütengrund abbiegen | **Öffnungszeiten** 1. April–5. Nov. Di–So 10–17 Uhr | **Tipp** Das barocke Felsrelief liegt auf dem Weg (durch den Blütengrund). Es erzählt biblische Geschichten rum um den Wein.

NAUMBURG

66 — Das Nietzsche-Haus
Wie bei Muttern!

»Die Krähen schrei'n. Und ziehen schwirren Flugs zur Stadt: Bald wird es schnei'n. Weh dem, der keine Heimat hat!«, dichtete Friedrich Nietzsche. Ich möchte anfügen, wohl dem, der wie Friedrich Nietzsche immer wieder seine Heimat bei Muttern hat. 1858 zog die Witwe Nietzsche mit Sohn und Tochter in ein Haus in Naumburg. Das gemietete Haus war einfach und klein und wirkt heute von außen komfortabler, als es damals war. Die Familie Nietzsche hatte nach dem Tod des Vaters wenig Geld. Friedrich Nietzsche wohnte nur kurze Zeit dort. Aufgrund seiner außerordentlichen Begabung konnte er das Internat Schulpforta besuchen. An den schulfreien Tagen zog es ihn nach Hause.

Nietzsche war vom Milieu der Mutter abgestoßen und angezogen zugleich. Zum einen machte ihn die geistige Enge wahnsinnig; zum anderen sehnte er sich sein ganzes Leben nach einem Ort, der für ihn Heimat sein konnte.

Während seiner Professur in Basel versuchte er, dort eine Frau zu ehelichen. Vielleicht scheiterten seine Freiersversuche ja an Aussagen wie dieser: »Des Mannes Art ist Wille, des Weibes Art Willigkeit.« Vielleicht störte auch einfach nur sein Walross-Schnurrbart beim Küssen. Jedenfalls verließ er Basel ohne Frau, von Migräneanfällen geplagt, um sich bei Muttern aufpäppeln zu lassen. Der große Philosoph wollte sich in Naumburg niederlassen und Obst und Gemüse anbauen. Seine Gesundheit machte ihm einen Strich durch die Rechnung. Der dunkle Winter in Naumburg gab ihm den Rest, und so machte er sich auf die Suche nach einem Ort, der ihn nicht krank machen würde. Er fand ihn nicht.

1889 erlitt Nietzsche einen Zusammenbruch, der ihn in die Irrenanstalt brachte. Ein Jahr später durfte die Mutter ihren Sohn nach Hause holen. Sie pflegte den Verwirrten in Naumburg bis zu ihrem Tod. Die letzten drei Jahre seines Lebens musste Nietzsche bei seiner Schwester verbringen.

> Hier wohnte der Philosoph Friedrich Nietzsche zum Besuche bei seiner Mutter in den Jahren zwischen 1890–1897.

Adresse Weingarten 18, 06618 Naumburg, www.mv-naumburg.de/nietzschehaus | **Anfahrt** über die A 9, Abfahrt Naumburg, dann weiter auf der B 180 | **ÖPNV** mit der Bahn bis Naumburg-Hauptbahnhof | **Öffnungszeiten** ganzjährig Di–Fr 14–17 Uhr, Sa, So und Feiertage 10–17 Uhr, an Feiertagen (Oster- und Pfingstmontag et cetera geöffnet, am 24., 25., 31. Dez. und am 1. Jan. geschlossen, Sonderöffnungszeiten nach Vereinbarung | **Tipp** Straßenbahnliebhaber kommen bei einer Fahrt in der historischen Straßenbahnlinie 4 auf ihre Kosten. Infos unter: www.naumburger-strassenbahn.de

NAUMBURG

67 — Das Stadtmuseum »Hohe Lilie«

Keusch und rein

Die Lilie ist in der europäischen Kultur ein oft verwendetes Symbol. Bis zur Französischen Revolution zierten goldene Lilien als Zeichen des Königs die Nationalflagge des Landes. Seit der Antike steht die weiße Lilie für Reinheit und Schönheit. Die schwarze Lilie stand für Unzucht und wurde Ehebrecherinnen im Mittelalter auf die Schulter tätowiert, wahrscheinlich von Männern, die sich vorher heimlich mit ihnen vergnügt hatten. Die »Hohe Lilie« ist weiß, also rein und schön.

Die ältesten Teile des Gebäudes wurden in der Mitte des 13. Jahrhunderts gebaut. Im Schatten der Domfreiheit hatte sich in dieser Zeit um die Kirche St. Wenzel eine eigenständige Bürgerstadt herausgebildet. Ihr Zentrum war der Markt. Dort fand einmal im Jahr die »Peter-Pauls-Messe« statt, die zu den ältesten und bedeutendsten Messen Mitteldeutschlands gehört. Sie verdankt ihre Bedeutung dem Umstand, dass Naumburg am Königsweg lag. Der Königsweg verlief vom Rhein über Frankfurt und Leipzig als wichtigste Ost-West-Achse des Mittelalters bis nach Breslau in Schlesien.

Der blühende Handel an dieser Straße ließ den Wohlstand der Naumburger Bürger steigen. Den zeigten sie durch immer repräsentativere Bauten, wie der »Hohen Lilie«. Im heutigen Museum »Hohe Lilie« widmet sich die Dauerausstellung der Geschichte der Naumburger Bürger und vermittelt einen guten Eindruck von der Vielfältigkeit ihres Alltags. Zu den wertvollsten Exponaten gehört das Ratstrinkhorn von 1376, in das ordentlich was reinpasst. Das Konzept der Ausstellung ist sehr anschaulich und absolut zeitgemäß. Die Geschichte der Naumburger Bürger wird durch interaktive Computer-Stationen, Diashows und wechselnde Video-Projektionen zu einem sinnlichen Erlebnis.

Die Technik ist toll, aber das Sehenswerteste ist die 750 Jahre alte »Hohe Lilie«.

Adresse Markt 18, 06618 Naumburg, www.mv-naumburg.de/stadtmuseum-hohe-lilie | **Anfahrt** über die A 9 bis Abfahrt 21a Naumburg, Richtung Zeitz / Teuchern / Osterfeld | **ÖPNV** mit dem ICE bis Naumburg Hauptbahnhof | **Öffnungszeiten** täglich 10–17 Uhr | **Tipp** Machen Sie eine Weinprobe, zum Beispiel in der Naumburger Wein- und Sektmanufaktur, Blütengrund 35, 06618 Naumburg.

NAUMBURG

68 Der St.-Wenzel-Turm
Die beste Aussicht der Stadt

Anfang der 15. Jahrhunderts, zu einer Zeit, als die Insel Manhattan noch von Indianern durchstreift wurde, konnte man in Naumburg schon auf 45 Metern Höhe leben. Allerdings nicht in einer exklusiven Penthousewohnung, sondern in der Wohnung des Türmers im St.-Wenzel-Turm.

Dieser Türmer hatte einen schweren Job. Er musste nahende Feinde und Feuer melden, außerdem das Uhrwerk beaufsichtigen und die Glocken läuten. Und das Tag und Nacht. Ein Job, den kein Mann alleine bewältigen kann. Trotzdem dauerte es fast 100 Jahre, bis die Stadt dem Türmer einen Beiwächter zur Seite stellte, der ihn zumindest in der Nacht vertreten konnte.

Die Verantwortung eines Türmers war groß, die Bezahlung schlecht. Als Türmer musste man Blasinstrumente spielen können. Morgens, mittags und abends wurde von ihm erwartet, dass er einen Choral blies. So war es nahe liegend, dass die meisten Türmer sich ein paar Groschen als Musiker dazuverdienten. Die Stadt lag dann nur noch unter den wachsamen Augen des lieben Gottes.

Die Tradition des Choralblasens hielt bis zum Amtsantritt des Türmers Johann Christian Madlung im Jahre 1824. Der wollte blasen, konnte aber nicht. Er hatte keinen einzigen Zahn mehr im Mund. In seine Dienstzeit fielen etliche Brände. Die größte Anzahl meldete er gar nicht. Wie auch, ohne Zähne?! Warum dieser Türmer trotzdem fast 40 Jahre im Amt blieb, wird auf ewig das Geheimnis der damaligen Personalabteilung der Stadt Naumburg bleiben. 30 Jahre später war die Stadt dann auf Zack. Als moderne Feuerschutz- und Brandbekämpfungsmaßnahmen Naumburg sicherer machten, schickte man den Türmer ganz schnell in Rente. Die Wohnung wurde kostengünstig vermietet. Die Mieter mussten das Uhrwerk warten und die Kirchturmglocken läuten. Dafür lebten sie an einem romantischen Ort, auf den man im Winter das Wasser schleppen musste.

Adresse Kirchturm von St. Wenzel, Topfmarkt, 06618 Naumburg, www.evangelische-kirche-naumburg.de/kirchen/stadtkirche-st-wenzel | **Anfahrt** über die A 9 bis Abfahrt 21a Naumburg, Richtung Zeitz/Teuchern/Osterfeld | **ÖPNV** mit dem ICE bis Naumburg-Hauptbahnhof | **Öffnungszeiten** April, Nov. Mo–Sa 13–15 Uhr, Mai–Okt. Mo–Sa 10–17 Uhr | **Tipp** In der Kirche St. Wenzel finden Sie die Grabplatte von August Leubelfing, Page von Schwedenkönig Karl Gustav.

69 Die Arche Nebra

Noah wäre neidisch gewesen

Die Arche Noah im Buch Genesis war ein selbst gezimmerter, schwimmfähiger Kasten. Die Arche Nebra soll nicht schwimmen. Sie scheint am Fuß des Mittelbergs zu schweben. Die Front der Arche ist zur Spitze des Mittelbergs ausgerichtet. Dort wurde 1999 in einem Grab ein außergewöhnliches archäologisches Stück gefunden. Eine 3.600 Jahre alte, mit Goldauflagen bestückte Himmelsscheibe aus Bronze. Sie stellt vielschichtige Sternenkonstellationen dar, unter anderem das Symbol der Sonnenbarke, die für die allnächtliche Überfahrt der Sonne von West nach Ost steht. Das 60 Meter lange Besucherzentrum erinnert an die Sonnenbarke der Scheibe. Die Scheibe hatten Grabräuber entdeckt. Diesen Räubern die Scheibe wieder abzuluchsen, war ein echter Krimi und verdient eine eigene Seite. Unter Ort 70 können Sie die Kurzfassung der spannenden Geschichte lesen.

Nachdem die einmalige Himmelsscheibe endlich in den Besitz des Landes Sachsen-Anhalt übergegangen war, wollte man in der Nähe des Fundortes ein Besucherzentrum errichten. Es wurde ein Architekturwettbewerb ausgeschrieben. Gesucht wurde ein Entwurf, der die Bedeutung der Himmelsscheibe hervorhebt und gleichzeitig als Wahrzeichen der Region dienen soll. Beides ist dem Schweizer Architekturbüro Holzer Kobler eindrucksvoll gelungen. Ihr Bau schlägt mühelos eine Brücke über fast 4.000 Jahre, vom Zeitpunkt des Schmiedens der Scheibe bis heute.

Das Besucherzentrum beherbergt ein Planetarium und zwei Ausstellungsräume. Die Hauptausstellung widmet sich der Himmelsscheibe und ihrer Geschichte. Es gelingt die Verbindung zwischen Archäologie, Astronomie und Unterhaltung. Besonders die jüngsten Besucher sind von den virtuellen Figuren fasziniert, die witzig durch die Vitrinen geistern. Neben der Hauptausstellung finden immer Sonderausstellungen statt. Zum Beispiel »Eiszeitriesen – Mammuts in Nebra«.

Adresse Arche Nebra, An der Steinklöbe 16, 06642 Nebra-Kleinwangen, www.himmelsscheibe-erleben.de | **Anfahrt** über die Autobahnen A 9, A 38 oder A 71, das Besucherzentrum ist ausgeschildert | **ÖPNV** mit der Burgenlandbahn (ab IC-Bahnhof Naumburg) täglich bis Haltepunkt Wangen, weiter mit dem Bus zur Haltestelle Arche Nebra | **Öffnungszeiten** April–Okt. täglich 10–18 Uhr, Nov.–März Di–Fr 10–16 Uhr, Sa, So und Feiertage 10–17 Uhr | **Tipp** Um ein Gefühl für diese Kultstelle zu bekommen, empfehle ich Ihnen, von der Arche zu Fuß zum Fundort der Himmelsscheibe auf den Mittelberg zu gehen (3 Kilometer).

70 Der Mittelberg
Der Jäger der verlorenen Scheibe

Am 4. Juli 1999 fuhren zwei Männer auf den Mittelberg. Sie waren auf der Suche nach einem Schatz. Im Gepäck hatten sie Spaten, Schaufel und Metalldetektor.

Der Mittelberg ist 252 Meter hoch und dicht bewaldet. Das war nicht immer so. Vor knapp 12.000 Jahren endete die letzte Eiszeit. In ihrer Folge gab es auch vor 4.000 Jahren noch kaum Bäume. Bei gutem Wetter konnte man so vom Mittelberg den 80 Kilometer entfernten Brocken erkennen. Davon hatten die Schatzsucher keine Ahnung. Ihnen war aber bekannt, dass der Mittelberg in früherer Zeit ein kultischer Ort gewesen war. Was sie dort fanden, ist heute genauso bedeutend wie die ägyptischen Pyramiden. Unter der Erde, in einer Steinkammer versteckt, stoßen sie auf zwei aufwendig verzierte Schwerter. Dahinter finden sie noch einen Diskus. Darauf erkennen sie Sonne, Mond und Sterne. Schon am nächsten Tag verkaufen sie den gesamten Fund an einen Kölner Händler. Sie bekommen 31.000 Mark. Später wird allein der von ihnen kaum beachtete Diskus für 100 Millionen Euro versichert werden.

Die Räuber hatten die Himmelsscheibe entdeckt, mit deren Hilfe die Menschen der Frühbronzezeit genaue Erkenntnisse über den Lauf der Sonne anstellen konnten, und zwar genau vom Fundort aus. Die vom Mittelberg sichtbaren Brocken und der Kulpenberg waren Eichpunkte. Die Himmelsscheibe ist ein »Handbuch« für das Erstellen eines Kalenders.

Im Februar 2002 gab sich der Landesarchäologe Harald Meller als Kaufinteressent der Scheibe aus. Er traf sich mit Hehlern in einem Baseler Hotel. Zu deren Ärger klickten nicht die Geldkoffer auf, sondern die Handschellen zu. Die Himmelsscheibe konnte endlich nach Sachsen-Anhalt zurückkehren. Sie wird heute im Museum für Vorgeschichte in Halle ausgestellt. Auf dem Mittelberg ragt ein Turm über die Bäume hinaus. Von ihm können Sie, wie die Menschen vor 4.000 Jahren, bis zum Brocken sehen.

Adresse Arche Nebra, An der Steinklöbe 16, 06642 Nebra-Kleinwangen, www.himmelsscheibe-erleben.de/arche-nebra/fundort-der-himmelsscheibe/aussichtsturm | **Anfahrt** Von den Autobahnen A 9, A 38 und A 71 aus ist das Besucherzentrum ausgeschildert. Mit der Burgenlandbahn (ab IC-Bahnhof Naumburg) täglich bis Haltepunkt Wangen, weiter mit dem Linienbus zur Haltestelle Arche Nebra. | **Öffnungszeiten** April–Okt. täglich 10–18 Uhr, Nov.–März Di–Fr 10–16 Uhr, Sa, So und Feiertage 10–17 Uhr | **Tipp** Im Heimatmuseum Nebra können Sie alles über Hedwig Courths-Mahler erfahren.

71 Schloss Oranienbaum
Holland in Anhalt

Oranienbaum oder Nischwitz, wie wir Älteren den Ort bis 1673 nannten, liegt im Biosphärenreservat Mittlere Elbe. Nischwitz war ein kleines, verschlafenes Dorf, das im 15. Jahrhundert sogar zeitweise ganz von seinen Bewohnern aufgegeben wurde. Den Namen Oranienbaum verdankt es seinen berühmten Orangen, die in der ganzen Region so prächtig reifen. Natürlich nicht! Die einzigen Orangenbäume stehen in der Orangerie des Schlosses, eine der längsten Europas.

Der Name Oranienburg geht auf die niederländische Prinzessin Henriette Catharina von Oranien-Nassau zurück. Sie war die Frau des Fürsten Johann Georg II. von Anhalt-Dessau und machte aus dem toten Kaff Nischwitz eine holländische Perle. Ihr zu Ehren heißt der Ort seit 1673 Oranienbaum. Zunächst verbrachte die Prinzessin nur die warmen Monate in einem eigens errichteten Palais. Bauherr war ihr niederländischer Landsmann, der Architekt Cornelis Ryckwaert. Nach dem Tod ihres Gatten ließ sich die Prinzessin jedoch ganz dort nieder.

Heute würden wahrscheinlich die Paparazzi den ganzen Tag auf der Lauer liegen, immer in der Hoffnung, die Prinzessin einmal beim Flirt mit dem Stallmeister abzulichten. Damals konnte eine Frau in ihrer Position noch unbelästigt poussieren und mit Hilfe ihres Architekten aus einem Sommerpalais ganz nebenbei eine ganze Stadt machen.

Um das barocke Schloss hatte Cornelis Ryckwaert den 28 Hektar großen Park geschaffen. Die Prinzessin war aber keine Frau, die ihre Tage mit Müßiggang verplemperte. Sie war hochgebildet und gab mit ihren Ideen der Kultur und Wirtschaft des kleinen Fürstentums wichtige Impulse. Ihr Sohn, Leopold I, genannt der »Alte Dessauer«, reformierte die preußische Armee. Das Schloss der Mutter nutzte der »Alte Dessauer« nur zu gelegentlichen Jagdaufenthalten. Es verfiel in einen Dornröschenschlaf, bis es sein Enkel, Fürst Franz, in die Dessau-Wörlitzer Parklandschaft integrierte.

Adresse Schloßstraße, 06785 Oranienbaum, www.gartenreich.com/de/besuchen/schloesser-und-gaerten/oranienbaum/index.html | **Anfahrt** von Dessau über die B 185, B 107, über A 9 Abfahrt Dessau Ost, Richtung Oraniebaum über die B 1007 | **ÖPNV** von Dessau-Hauptbahnhof Bus 331, Haltestelle bis Oranienbaum-Busbahnhof, dann etwa 15 Minuten Fußweg | **Öffnungszeiten** 30. März–31. Okt. Di–So 10–17 Uhr, Führungen möglich | **Tipp** Sie können eine kombinierte Schloss- und Gartenführung buchen. Infos unter: www.oranienbaum.de.

PIESTERITZ

72 Die Werkssiedlung
»Lebst du schon oder wohnst du noch?«

»Biete zwei Zimmer, Küche ohne Bad, kein WC, immer finster und ständig feucht in überfüllter Mietskaserne für riesige Arbeiterfamilie.« So hätte eine typische Wohnungsanzeige vor dem Ersten Weltkrieg lauten können. Die Wohnungsnot in den Städten war durch die Industrialisierung so groß, dass viele sich ihr Bett im Schichtbetrieb mit einem sogenannten Schlafburschen teilen mussten. Für diese unwürdigen Bedingungen ging trotzdem fast ein Drittel des Monatsgehalts drauf. Das führte natürlich zu sozialen Spannungen. Als Reaktion darauf entstanden an den Industriestandorten Werkssiedlungen, wie ab 1916 die in Piesteritz.

Die Siedlung wurde nach Plänen von Paul Schmitthenner und Otto Rudolf Salvisberg für etwa 2.000 Beschäftigte des Stickstoffwerks errichtet. Die neuen Häuser waren ein kleiner Schritt für die Menschheit, aber ein riesiger Sprung für eine Arbeiterfamilie. Plötzlich schliefen sie in luftigen Räumen, badeten in fest installierten Wannen und konnten in ihrem Garten Gemüse anbauen. Sie konnten endlich ein menschenwürdiges Leben führen und mussten dafür weniger Geld ausgeben als jemals zuvor. Die neue Siedlung hatte ein eigenes Rathaus, das Kauf- und Vereinshaus »Feierabend«, eine Schule und das Damenheim für die unverheirateten Sekretärinnen. Was sicher auch für die unverheirateten Arbeiter ein beliebter Anlaufpunkt war.

1986 stellte die DDR die Siedlung unter Denkmalschutz. Dennoch sollte sie nach der politischen Wende in Einzelstücken verkauft werden. Eine Gemeinschaftsaktion des Bauhaus Dessau, der Stadt Wittenberg, der Eigentumsgesellschaft und der Bewohner konnte dieses Schicksal verhindern. Mehr noch, die denkmalgerechte Sanierung der Anlage wurde ein Projekt der Weltausstellung EXPO 2000. Heute ist die Werkssiedlung Piesteritz die größte autofreie Siedlung Deutschlands und vielleicht auch die schönste ihrer Art.

Adresse Karl-Liebknecht-Platz 20, 06886 Wittenberg (Piesteritz) | **Anfahrt** über die B 187 (Dessauer Straße) | **ÖPNV** von Wittenberg Bus 300, Haltestelle Bergstraße | **Tipp** Mögen Sie bunter Flattermänner? Dann wird Sie der Alaris Schmetterlingspark in der Rothemarkstraße 131 in Piesteritz begeistern.

73 __ Pißdorf
Nomen est Omen?

Es gibt überall in Deutschland Orte, die besondere Namen tragen. Schweinfurt in Bayern zum Beispiel oder Wixdorf bei Darmstadt klingen schon so besonders, dass der durchschnittliche Reisende denkt: Na, das ist bestimmt nicht mehr zu toppen! Und dann liest man in Sachsen-Anhalt plötzlich auf einem Ortsschild Pißdorf!

Pißdorf ist ein idyllischer Ort, fünf Kilometer von Köthen entfernt. Einmal im Jahr, immer zu Pfingsten, veranstalten die Pißdorfer einen Reiterwettbewerb. Dabei müssen die Reiter aus vollem Galopp nach Ringen stechen. Den DDR-Offiziellen war das Pferdefest zu westlich dekadent. Sie verboten es. Die Pißdorfer ließen sich die Pferde verbieten, aber nicht den Spaß. Sie sattelten einfach um auf Fahrräder und machten ihr Ringereiten vom Drahtesel aus. Die Pißdörfer haben wirklich Humor, denn, und jetzt halten Sie sich fest, der Schutzpatron dieses Ringereitens ist der Popelmann. Kein Scherz! Der Popelmann von Pißdorf. So etwas kann man sich gar nicht ausdenken.

Genauso wenig wie die Namen der zwei Orte im Burgenland, Unterkaka und Oberkaka. Phantastisch, oder? Reisende, die in der analen Phase stecken geblieben sind, dürften allein schon beim Hören dieser Namen in fröhliches Gelächter ausbrechen. Verstehen Sie mich nicht falsch, ich will mich nicht über die Einwohner dieser Orte lustig machen. Aber wie hätte die Welt wohl reagiert, wenn John F. Kennedy seine berühmte Rede nicht in Berlin, sondern im Burgenland gehalten hätte? Hätte ihn die Welt auch so geliebt, wenn er ausgerufen hätte: »Isch bin ein Oberkaka!«?

Der nächsten Frage sollte wirklich mal ein Psychoanalytiker nachgehen. Wie wirken sich die Namen der Orte auf die Psyche ihrer Bewohner aus? Im Harz gibt es die Gemeinden Elend und Sorge. Ist man, wen man dort geboren wurde, automatisch ein Elender und echtes Sorgenkind? Und wenn ja, gibt's dagegen was von Ratiopharm?

Adresse 06386 Osternienburg (Ortsteil Pißdorf) | **Anfahrt** über die 187a Richtung Osternienburg; Anfahrt nach Unterkaka über die A 9, Abfahrt 21 über die B 180 Richtung Zeitz | **Öffnungszeiten** Diese Citys schlafen nie! | **Tipp** Treiben Sie mit den Ureinwohnern keine Namenswitze.

PRETZIEN

74 Die Dorfkirche
Byzanz, Konstantinopel, Pretzien

Bis zu einem Tag im Sommer 1973 war die Dorfkirche von Pretzien genau das, eine ganze normale Dorfkirche in der DDR. Wahrscheinlich wäre sie längst verfallen und vergessen, wenn die Restauratorin Anna-Maria Meussling nicht zum Skalpell gegriffen hätte. An jenem Tag begann sie nämlich damit, an einer Stelle in der Apsis, dem halbrunden Abschluss des Kirchenschiffes, die Farbe von den Wänden zu kratzen. Acht Schichten und etliche Stunden später stieß sie auf rote Linien. Die Linien führten zu einem Gesicht, das Gesicht der Gottesmutter Maria. In ihrem Heiligenschein glänzten noch Reste von Blattgold.

Anna-Maria Meussling war erst kurz zuvor mit ihrem Mann, Pfarrer Rüdiger Meussling, aus der Altmark gekommen. Dort hatte sie schon in einigen Kirchen rund um Stendal mittelalterliche Malerei unter dem Putz romanischer Kirchen entdeckt. Der Fund in Pretzien sollte aber ihres und das Leben ihres Mannes verändern. Die Sanierung der Kirche mit ihren Wandbildern wurde zur Lebensaufgabe des Ehepaars.

Gebaut wurde die Kirche vermutlich nach 1150. Die Malereien entstanden einige Jahrzehnte danach. Schöpfer könnte der byzantinische Maler Rhesus sein. Der war bis zum Brand Magdeburgs im Jahre 1207 im Dom beschäftigt. Auch der Dom fiel den Flammen zum Opfer. Rhesus könnte also auf der Suche nach einer neuen Beschäftigung im kleinen Pretzien haltgemacht haben. Vielleicht stand er noch mit Ruß im Gesicht in der Dorfkirche und dachte, Mensch, mit den nackten Wänden kann man doch was machen?! Und machte sich einfach an die Arbeit. Das würde die sehr hohe Qualität der Wandbilder – besonders in der Apsis – erklären.

Die Feinheiten dieser Kunst entdecken Sie nach und nach. Am besten lassen Sie sich die Motive gleich kompetent von Frau Chwalisz erklären. Sie treffen sie meistens während der Öffnungszeiten in der Kirche.

Adresse Dr.-Martin-Luther-Straße, 39217 Pretzien | **Anfahrt** über die B 246a | **ÖPNV** mit der Regionalbahn von Magdeburg nach Schönebeck, weiter mit Bus 112 über Plötzky nach Pretzien | **Öffnungszeiten** Mai–Sept. Di–So 14–16 Uhr oder Termin unter Tel. 03471/353613 vereinbaren | **Tipp** Besuchen Sie die Kirche am 14. September, dann wandert das Sonnenlicht direkt auf das Altarkreuz.

75 Das Pretziener Wehr
Für alle, die nicht übers Wasser gehen können

Das Pretziener Wehr ist kein Bollwerk gegen slawische Stämme. Es schützt das Gebiet um Magdeburg seit über 130 Jahren effektiv vor dem Hochwasser der Elbe. Wer in der Mitte des 19. Jahrhunderts dort lebte, musste fast in jedem Jahr damit rechnen, dass die Elbe die Deiche zerstört und die Dörfer überflutet. Die Menschen litten unter Hunger und der Angst vor der nächsten Katastrophe.

1869 beschloss die preußische Regierung endlich den Bau des Pretziener Wehrs.

Der Beginn der Arbeiten verzögerte sich. Zunächst mussten noch die Franzosen 1871 im Krieg besiegt werden. Das Ergebnis war die Gründung des Deutschen Reichs und die Errichtung des Wehrs in Pretzien. Die Preußen, also die Deutschen, ließen französische Kriegsgefangene die schwere Arbeit verrichten. 1875 war das Wehr fertig. Die Elbeanwohner konnten aufatmen und die Franzosen nach Hause zurückkehren.

Entstanden war eine technische Meisterleistung. Für ihre herausragende Arbeit bekamen die Ingenieure vom Pretziener Wehr 1889 bei der Pariser Weltausstellung die Goldmedaille verliehen. Wenn man an die kräftige Mithilfe der Kriegsgefangenen denkt, haben sich die Franzosen quasi auch gleich selbst mit ausgezeichnet. Für dieselbe Weltausstellung war in Paris auch eigens der Eiffelturm errichtet worden. Und genauso wie den berühmten Turm kann man auch das Pretziener Wehr heute noch in ganzer Pracht bewundern. Wie schon 1875 schützt es bei Hochwasser vor Überflutung. Bei Niedrigwasser hindert es das Wasser am weiteren Abfließen und sorgt so dafür, dass der nötige Wasserpegel für die Elbschifffahrt erhalten bleibt. Über 130 Jahre, und es funktioniert immer noch.

Das Wehr selber darf man nicht betreten. Aber Sie können die knapp 163 Meter dahinter abschreiten. Vorausgesetzt, das Wehr ist geschlossen. Ansonsten müssten Sie die Strecke abschwimmen.

Adresse Am Pretziener Wehr, 39217 Schönebeck (Elbe) (Pretzien), www.pretziener-wehr.de | **Anfahrt** über die B 246a, dann über die Magdeburger Straße nach Pretzien | **Öffnungszeiten** ganzjährig, außer bei Hochwasser | **Tipp** Besonders schön ist die Anfahrt mit dem Fahrrad über den Elbradweg zum Pretziener Wehr.

QUEDLINBURG

76 Der Blasii-Friedhof
Wo die Liebe lebt

Peter H. ist ein kleiner, aufrechter Mann. Das Leben hat ihn gezeichnet, aber nicht gebeugt. Bedächtig setzt er einen Fuß vor den anderen, den Kopf immer nach unten gerichtet. Er kennt den Weg. Seit 49 Jahren geht er ihn Tag für Tag. In der rechten Hand hält er den Stock, in der linken einen Strauß Schneeglöckchen, die Lieblingsblumen seiner Frau Hanna, die auf dem Blasii Friedhof unter einem verwitterten Stein ruht.

Zum Blasii-Friedhof gelangt man, wenn man den Pfad neben der Straße »Zwergkuhle« hinaufgeht. Die Gräber liegen geschützt unter dem dichten Laubdach der Bäume. Die letzte Beisetzung ist schon einige Jahre her. Und niemand weiß, wann die erste stattfand. In den Archiven finden sich keine Unterlagen mehr darüber. Es gibt auch nicht viel, was man hier besichtigen kann. Und dennoch lohnt sich ein Besuch.

Das Besondere dieses Friedhofs ist nämlich seine einzigartige Atmosphäre. Wer das schwere schmiedeeiserne Tor öffnet, betritt eine andere Welt, eine Welt der Stille und des Friedens. Der Kopf ist frei und hat plötzlich Platz für existenzielle Fragen. Was bleibt, wenn man geht? Wofür lohnt es sich zu leben? Hat Penny heute das Hackfleisch im Angebot?

Peter H. muss sich tief beugen, um die Blumen in der kleinen Vase platzieren zu können. Ruhig verharrt sein Blick auf einem Datum im Stein. Es ist der Todestag seiner Frau. Sie waren mit dem Trabant »Kombi Camping« hinaus aufs Land gefahren. Das Wetter war mild. Auf einer Decke machten sie ein Picknick. Hanna hatte Kartoffelsalat gemacht. Sie tranken Wein. In der Sonne glänzte Hannas Haar. Für die Rückfahrt hatten sie die Plane vom Verdeck geschlossen. Sie alberten herum und machten Pläne für den bevorstehenden Sommer. Peter lachte, dann kam er von der schlechten Fahrbahn ab. Die Schneeglöckchen auf dem verwitterten Grab sind immer frisch.

Adresse zwischen Westerhäuserstraße und der Straße Zwergkuhle, 06484 Quedlinburg | **Anfahrt** von Magdeburg über die B 81, L 66, dann am besten zu Fuß oder den Pkw auf der Zwergkuhle parken | **ÖPNV** mit der Harzer Schmalspurbahn zum Bahnhof Quedlinburg | **Öffnungszeiten** Ansprechpartner: Frau Eckstein, Handy: 0163/6059380, Herr Müller, Handy: 0163/1317263 | **Tipp** Am Schlossberg gibt es nicht nur den Dom, sondern auch das Geburtshaus des Dichter Kloppstock, Kloppstockhaus am Schlossberg 12, zu besichtigen.

77 — Die Familiengrüfte auf St. Wiperti

Schöner Wohnen nach dem Ableben

Gehen Sie vom Schlossberg die Wipertistraße stadtauswärts Richtung Thale, sehen Sie schon bald die erhöht liegenden Grabgewölbe von St. Wiperti. Der ein oder andere denkt jetzt womöglich, noch ein Friedhof? Aber ist es nicht so, dass ohne den Tod niemand das Leben schätzen würde? Außerdem sind die Familiengrüfte von St. Wiperti in Ausmaß und Anzahl einmalig in Europa. Auf einer Breite von etwa 80 Metern erheben sich auf drei Stockwerken mehr als 40 Grüfte. Ein wenig nimmt diese Bauart so die Idee der späteren DDR-Plattenbauten vorweg. Eigentlich fehlen in den Grüften nur die Fernwärme und die Küche mit der obligatorischen Durchreiche.

Ansonsten sind die in Sandstein gehauenen Ruhestätten echte Luxusanlagen. Viel Platz, 1-a-Aussicht auf den Schlossberg und dazu in direkter Nachbarschaft zur namengebenden Kirche St. Wiperti gelegen. Dort feierten vor über 1.000 Jahren König Heinrich I. und sein Sohn Otto I., der erste römische Kaiser deutscher Nation, am liebsten das Osterfest. Ob sie dabei auch ausgelassen über das Osterfeuer sprangen, ist nicht überliefert

Die ersten Grüfte entstanden vor 350 Jahren, zu einer Zeit, in der Ludwig XIV. vor den Toren von Paris Versailles zum Höhepunkt europäischer Schlossbaukunst ausbauen ließ, errichteten sich die Quedlinburger ihre barocken Grabgrüfte. Die französischen Katholiken feierten das Leben, die deutschen Protestanten beerdigten sich zumindest prunkvoll. In jedem Gewölbe sorgt ein Lüftungsschacht bis heute für einen stetigen Luftstrom. Dieser Luftstrom und die im Sandstein enthaltene Salpetersäure sind dafür verantwortlich, dass viele der Leichen konserviert wurden.

Der Friedhof St. Wiperti lädt nicht nur zum Spazierengehen, sondern auch zum Dableiben ein. Einige der Grüfte stehen leer und warten darauf, wieder neu bezogen zu werden.

Adresse Wipertistraße Richtung Thale, 06484 Quedlinburg | **Anfahrt** von Magdeburg über die B 81, L 66, an der Wipertistraße parken | **ÖPNV** mit der Harzer Schmalspurbahn zum Bahnhof Quedlinburg | **Öffnungszeiten** Wipertkirche wegen Baumaßnahmen bis auf Weiteres geschlossen; Besuch nach Vereinbarung unter Tel. 03946/9150828384 oder besichtigung@wiperti.de | **Tipp** Die namensgebende Kirche und Krypta St. Wiperti sollten Sie gleich mitbesichtigen.

QUEDLINBURG

78 — Die Feininger-Galerie
Entartet oder bürgerlich-dekadent?

Wenn der Schloßberg und die über 1.000 Fachwerkhäuser der Stadt der Kuchen sind, ist die Lyonel Feininger Galerie die Sahne oben drauf. Denn in dieser Galerie geht es nicht um mittelalterliche Pracht, sondern um Kunst des 20. Jahrhunderts und der Gegenwart. Die Galerie ist einem der bedeutendsten Vertreter der klassischen Moderne, dem Bauhauskünstler Lyonel Feininger gewidmet. Zu sehen sind einer der weltweit bedeutendsten Bestände an Druckgrafiken, dazu zahlreiche Aquarelle, Zeichnungen und Fotografien von Feininger.

Wie kommt diese einmalige Sammlung ausgerechnet nach Quedlinburg? Feininger selber hat die Stadt nie besucht. Aber er war Meister am Bauhaus in Dessau, wo er sich mit dem Quedlinburger Hermann Klumpp anfreundete. Klumpp hatte nach einem Abschluss in Jura Architektur am Bauhaus studiert. Zeitweise wohnte er sogar bei der Familie Feininger im gleichnamigen Meisterhaus. Er half, als die Nazis das Bauhaus schlossen, beim Umzug nach Berlin. Und fünf Jahre später nahm er auf Wunsch von Feininger viele seiner Arbeiten in Obhut. Feiningers Ehefrau war Jüdin, seine Kunst verboten. Die Familie musste nach New York emigrieren.

Herman Klumpp brachte Feiningers Arbeiten an den braunen Kunstbanausen vorbei nach Quedlinburg und auch durch den Krieg. Deutschland war danach geteilt und Klumpps Heimat nun die DDR. Deren Kulturfunktionäre waren an der Bauhaus-Idee bestenfalls desinteressiert. Meistens bekam Hermann Klumpp pure Feindseligkeit zu spüren, wenn er versuchte, seine Sammlung der Öffentlichkeit zugänglich zu machen. Über Jahrzehnte waren Feiningers Werke so ausschließlich in Hermann Klumpps Privatwohnung zu besichtigen. Heute präsentiert das Museum neben Feininger auch Arbeiten von Wassily Kandinsky, Paul Klee und Emil Nolde. Darüber hinaus wird mit Sonderausstellungen das Schaffen zeitgenössischer Künstler gewürdigt.

Adresse Finkenherd 5, 06484 Quedlinburg, www.feininger-galerie.de | **Anfahrt** von Magdeburg über die B 81, L 66, Parkplatz an der Schenkgasse | **ÖPNV** mit der Harzer Schmalspurbahn zum Bahnhof Quedlinburg | **Öffnungszeiten** April–Okt. Mi–Mo und Feiertage 10–18 Uhr, Nov.–März Mi–Mo und Feiertage 10–17 Uhr | **Tipp** Neben der Galerie ist das Café »Vincent«. Dort gibt es die größte Käsekuchenauswahl der Welt!

QUEDLINBURG

79 Das Münzenbergmuseum
Macht Fernsehen dumm?

»Privat geht vor Katastrophe« beschrieb die lässige Haltung vieler sozialistischer Werktätiger in der DDR zu ihrer Arbeit im volkseigenen Betrieb. 1994 hatten sich nicht nur die politischen Umstände, sondern auch die Bedeutung von »Privat geht vor Katastrophe« grundlegend geändert. Durch das private Engagement eines einzelnen wurde nämlich ein ganzes Stadtviertel, der Quedlinburger Münzenberg, vor der Katastrophe, dem endgültigen Verfall, gerettet.

Der Lemgoer Arzt Prof. Siegfried Behrens sah im Fernsehen einen alarmierenden Bericht über den Zustand der alten Kaiserstadt Quedlinburg. Schon am nächsten Tag setzte er sich ins Auto und reiste in die Stadt. Kaum angekommen, erwarb er das baufälligste Haus vom ganzen Münzenberg und plante die Sanierung. Bei der aufwändigen Instandsetzung des Hauses fanden sich gut erhaltene Mauer- und Grabreste des ehemaligen und in Vergessenheit geratenen Klosters St. Marien. Das hatte die Tochter des deutschen Kaisers Otto I. zu Ehren ihres verstorbenen Bruders vor rund 1.000 Jahren gestiftet. Die Quedlinburger hatten lange Zeit nicht viel übrig für den Münzenberg. 1523 stürmten sie das darauf thronende Marienkloster. 1576 überließ die Äbtissin Elisabeth II. von Regenstein die verwüstete Anlage Kesselflickern, Musikanten und Stadtstreichern zur Neubesiedlung.

Siegfried Behrens gründete 418 Jahre später den Verein Münzenberg e.V. In den folgenden zwölf Jahren gelang ihm und den Vereinsmitgliedern die Restaurierung fast aller Fachwerkhäuser. Gleich über mehrere Häuser erstreckt sich heute das Münzenbergmuseum. Es beherbergt neben Resten der Klosteranlage Fundstücke verschiedener Epochen und freigelegte Kopfnischengräber aus dem 11. Jahrhundert.

Seinen neuen Glanz verdankt der Münzenberg der Leidenschaft eines Einzelnen und einem Fernsehbericht. Von wegen, Fernsehen macht dumm.

Adresse Münzenberg 16, 06484 Quedlinburg, www.klosterkirche-muenzenberg.de | **Anfahrt** von Magdeburg über die B 81, L 66; zu Fuß über die Treppen von der Langenberg- und Wipertistraße zu erreichen | **ÖPNV** mit der Harzer Schmalspurbahn zum Bahnhof Quedlinburg | **Öffnungszeiten** Grundsätzlich ist das Museum an allen Tagen der Woche einschließlich Sonn- und Feiertagen jeweils von 10–17 Uhr geöffnet (im Jan. und Feb. nur Fr–Mo). | **Tipp** Wer sich für Fachwerk interessiert, wird im Fachwerkmuseum in der Wordgasse 3 voll auf seine Kosten kommen.

80 Der Ottonen-Keller
Prost, altes Haus!

Wenn Sie den Schloßberg erklommen haben, steigen Sie unbedingt in die ottonischen Kellergewölbe hinab. Jede Stufe bringt Sie gefühlte 100 Jahre in die Vergangenheit zurück. Die Keller unterhalb des Schlossmuseums sind die einzigen steinernen Zeugen aus dem 10. Jahrhundert, die weltlich genutzt wurden.

In der DDR sogar sehr weltlich. Über Jahre hinweg waren die Keller Quedlinburgs coolstes Nachtlokal. Die Wände zierten damals bunte Glasscherben. Die Beine der Gäste wippten zur Musik vom »Günther Fischer Quartett«. Und Gerüchten zufolge schallte ab und an sogar »Die Liebe ist ein Haus« von Regina Thoss durch das uralte Gewölbe. Es war nicht alles schlecht damals. Heute ist der Geruch von »Duett«-Zigaretten verflogen, und wer Regina Thoss hören möchte, muss bis ins Bürgerhaus nach Niesky.

Seit einigen Jahren ist der sanierte Keller ein Museum. Die Besucher erhalten in der Ausstellung »Auf den Spuren der Ottonen« umfangreiche Informationen über die Pfalzgeschichte Quedlinburgs. Interessant ist auch die Fortsetzung der Spurensuche: Unter dem Titel »Geschichte und Propaganda« wird der Frage nachgegangen, wie die mittelalterliche Geschichte von Quedlinburg durch die Nationalsozialisten missbraucht wurde. Von 1938 bis 1945 war die gegenüberliegende Stiftskirche St. Servatius von den Nazis besetzt. Die Kirche war zu einer »Weihestätte« der SS geworden. Deren Führer Heinrich Himmler war ein glühender Verehrer von König Heinrich I., und der konnte sich 1.000 Jahre nach seinem Tod nicht mehr dagegen wehren. Heinrich I. gilt vielen Historikern als intelligenter Politiker und Begründer des ersten Deutschen Reiches. Heinrich Himmler war verantwortlich für die Ermordung von Millionen Menschen.

Die zerschlagenen Reste des riesigen Reichsadlers, der sieben Jahre das Kirchenkreuz ersetzt hatte, liegen heute im Staub auf dem Fußboden des Ottonen-Kellers.

Adresse Schlossmuseum, Schloßberg 1, 06484 Quedlinburg, www.quedlinburg.de/de/museen/schlossmuseum.html | **Anfahrt** von Magdeburg über die B 81, L 66, Parkplatz an der Schenkgasse | **ÖPNV** mit der Harzer Schmalspurbahn zum Bahnhof Quedlinburg | **Öffnungszeiten** April–Okt. Di–So 10–18 Uhr; Nov.–März Di–So 10–16 Uhr | **Tipp** Wenn Sie denn Keller verlassen haben, marschieren Sie bitte schnurstracks in die gegenüberliegende Stiftskirche. Dort können Sie unter anderem den Domschatz bewundern.

QUEDLINBURG

81 Der Roland
Nur nicht den Kopf verlieren

Wer es mit einer Frau zu tun bekommt, der kann schon mal den Kopf verlieren. So erging es auch 1477 dem Quedlinburger Roland.

Ein Roland symbolisiert die Eigenständigkeit der Stadt mit Marktrecht und Gerichtsbarkeit. Er steht für die Freiheit seiner Bürger. Die Quedlinburger Bürger besaßen zur Mitte des 15. Jahrhunderts große Freiheit. Sie waren davon wohl so berauscht, dass sie versuchten, ihre Fürstin, die Äbtissin Hedwig von Sachsen, gewaltsam vom Reichsstift zu vertreiben. Dann geschah etwas, was man heute aus deutschen Problemvierteln kennt. Hedwig sagte: »Pass auf, oda isch hol meine großen Brüda, ey!«, und beließ es nicht bei der Drohung. Kurze Zeit später fiel ein Heer in die Stadt ein. Hedwigs Brüder waren nämlich Ernst, Kurfürst von Sachsen, und Albert der Beherzte, die sehr beherzt die Stadt für ihre Schwester wieder unterwarfen. Nach dieser herben Niederlage musste Quedlinburg jährliche Reparationsleistungen an die Äbtissin und deren Stift zahlen. Darüber hinaus verlor die Stadt ihre Autonomie und musste aus allen Schutzbündnissen austreten. In einem offiziellen Akt wurde der Äbtissin die ewige Treue und Gefolgschaft geschworen. Kurzum, die Stadt musste zu Kreuze kriechen. Höhepunkt der Demütigung war schließlich die Zerstörung des Roland. Der verschwand vom Rathaus und lag die folgenden 400 Jahre, bis 1869, kopflos im Hof einer Kneipe. Ein Schicksal, das er immer mal wieder mit dem einen oder andern Trinker teilte.

In den kommenden Jahrhunderten blieb Quedlinburg eine kleine Ackerbürgerstadt. Aber eine schöne. Um das zu erkennen, muss man sich nur einmal auf dem Marktplatz im Kreis drehen oder ins Rathaus hineingehen.

Das Rathaus ist das große Haus, das direkt hinter dem 1869 wieder errichteten Roland steht. Dort finden Sie ein maßstabsgerechtes und detailliertes Modell der wunderbaren Alt- und Neustadt von Quedlinburg.

Adresse Markt 1, 06484 Quedlinburg | **Anfahrt** über die B 81, L 66, Parkplatz an der Carl-Ritter- oder Wallstraße | **ÖPNV** mit der Harzer Schmalspurbahn zum Bahnhof Quedlinburg | **Tipp** Haben Sie 1980 H. F. Oertels Rat befolgt und ihren Sohn Waldemar genannt? Nein? Auch egal, Sie können den echten Doppelolympiasieger Waldemar Cierpinski in seinem Sportgeschäft am Markt treffen.

82 Der Sachsenspiegel
Das bedeutendste Buch der deutschen Rechtsprechung

»Wer zuerst kommt, mahlt zuerst!«, knallt man lapidar seiner Frau vor den Kopf, wenn man ihr zum Beispiel das letzte Stück Schokolade vor der Nase weggeschnappt hat. Wer zuerst kommt, mahlt zuerst. Heute eine Redensart, mehr nicht, denken wir. Dabei war es Jahrhunderte lang sogar Gesetz. »Wer zuerst zur Mühle kommt, mahlt zuerst.« So hat es Eike von Repgow um 1230 im »Sachsenspiegel« formuliert. Der Sachsenspiegel ist das erste Rechtsbuch in der Geschichte Mitteleuropas. Und darin fasst von Repgow das Recht der Sachsen erstmals schriftlich zusammen. Bis dahin wurden Gesetze nur mündlich überliefert. Da konnte man als Angeklagter nur hoffen, dass der Richter seinen Vorgängern immer gut zugehört hatte. Sonst konnte es passieren, dass dem Meineid Geleisteten direkt der Kopf abgeschlagen wurde, obwohl die Schwurhand gereicht hätte. Eike von Repgow schuf die Grundlage für eine einheitliche und genaue Rechtsprechung.

Reppichau liegt etwas abseits der Bundesstraße 185 zwischen Dessau und Köthen. Es hat knapp 500 Einwohner, eine Jugendfeuerwehr und einen Fußballverein. Ein ganz durchschnittliches Dorf also. Nein, Reppichau ist was ganz Besonderes. Es ist voller Kunst, die groß, bunt ist und sich zum Anfassen oder sogar Draufsetzen eignet. Alles ist dem berühmten Sohn Eike von Repgow gewidmet. Da wird der Dorfteich zur Bühne für baumhohe Figuren einer Bilderschrift des Sachsenspiegels. Das Trafohäuschen ist nicht mit alten Ü40-Party-Plakaten zugekleistert. Die vier Seiten sind vom Maler Steffen Rogge aus Köthen mit mittelalterlichen Motiven verziert. Den Weg zur Dorfkirche aus dem 12. Jahrhundert begleiten geschmiedete Figuren aus dem Sachsenspiegel, alle gestaltet vom Reppichauer Kunstschmied Frank Schönemann.

Normalerweise hat man Dörfer dieser Größe schon vergessen, bevor man ganz hindurchgefahren ist. An Reppichau erinnert man sich gern zurück.

Adresse 06386 Osternienburger Land, Ortsteil Reppichau | **Anfahrt** von der B 185 auf die K 2096 über Elsnigk Richtung Osternienburg | **Öffnungszeiten** Informationszentrum und Museum April–Okt. täglich 10–12 und 13–17 Uhr | **Tipp** Sie können dem Schöpfer vieler Exponate, dem Kunstschmied Frank Schönemann, bei einem Besuch seiner Werkstatt über die Schulter schauen (www.eisenbaecker.de).

SANDAU (ELBE)

83 — Die Kirche St. Nikolai und St. Laurentius

(Nächsten)Liebe geht durch den Magen

Die Kirche ist ein spätromanischer Backsteinbau, wie es einige in der Region gibt. Im Inneren warten keine wertvollen Intarsien, und die Orgel wurde auch nicht von einem berühmten Orgelbauer gefertigt. Dennoch ist dieser Ort einer der 111 Orte in Sachsen-Anhalt, die man gesehen haben sollte. Warum? Der Grund sind die Menschen dort. Sie machen mit ihrem Engagement aus der Kirche einen liebevollen Ort.

Das kleine Sandau war unversehrt durch den Zweiten Weltkrieg gekommen. Die Amerikaner standen an der Elbe, der Bürgermeister war zur Kapitulation bereit. Die Amerikaner schickten einen Parlamentär, der die Kapitulationsbedingungen aushandeln sollte. Der wurde von einer im Wald liegenden SS-Einheit erschossen. Die SS ersetzte den Bürgermeister durch einen Fanatiker, der Sandau zum Endkampf mobilisierte. Erst als 80 Prozent von Sandau in Schutt und Asche lagen, ergaben sich die »Verteidiger«. Der Kirchturm war nur noch eine Ruine, die in der DDR zum Mahnmal erklärt wurde.

Nach der Wende gab es eine breite Mehrheit im Ort, die den Kirchturm wieder aufbauen wollte, aber kein Geld. Die Sandauer sammelten Spenden und schafften es, Fördermittel der EU zu erhalten. Am 11. August 2002 wurde der Grundstein für den neuen Kirchturm gelegt, der jedes Jahr weiterwächst. Auf seiner dritten Etage ist der Raum der Ruhe. Sollte ich jemals länger mit mir in Klausur gehen wollen, werde ich das in diesem Raum machen. Der Ausblick durch die deckenhohen Fenster auf die Elbe ist einmalig.

Einmalig ist auch die Gastfreundschaft der ehrenamtlichen Kirchenführer. Es stehen Kaffee und Kekse für jeden Besucher bereit. Am Wochenende wird sogar selbst gebackener Hefezopf serviert. Und wenn Sie besonders viel Glück haben, erwischen Sie noch ein Stück »Schneewittchen-Kuchen« mit echter Buttercreme.

Adresse Kirchstraße, 39524 Sandau (Elbe), www.kirchturm-sandau.de | **Anfahrt** über die B 107 (Straße der Romanik) | **ÖPNV** Bus 913 von Havelberg, Haltestelle Sandau | **Öffnungszeiten** täglich 10–18 Uhr | **Tipp** Lassen Sie sich bei Ihrem Besuch Zeit.

84 Landesschule Pforta

»Was mich nicht umbringt, macht mich härter.«
(F. Nietzsche)

Zu den sieben Todsünden der klassischen Theologie zählen Eitelkeit, Habsucht und Wollust. Ohne anständige Reue bringen sie den Sünder direkt in die Hölle. Die Internatsschule Kloster Pforta hat eine eigene Liste der »Todsünden«. Dazu gehören das Rauchen im Internat, das nächtliche Verlassen des Schulgeländes und ein übermäßiger Alkoholkonsum. Wer dagegen verstößt, fährt nicht in die Hölle, sondern fliegt von der Schule. Der 17-Jährige in mir empört sich über diese Strenge. Der Vater, der ich jetzt bin, begrüßt die klaren Regeln.

Die Landesschule Pforta existiert seit 1543. Seit dieser Zeit fördert sie ausschließlich Begabte. Interessierte Schüler müssen entweder für Musik, Sprachen oder Naturwissenschaften ein besonderes Verständnis haben. Darüber hinaus müssen sie eine individuelle Aufnahmeprüfung überstehen. In der Regel kommen die Schüler in der 9. Klasse an die Schule. Wer die Internatskosten nicht zahlen kann, hat die Möglichkeit, die Ausbildung über ein Begabten-Stipendium zu finanzieren.

Einer der berühmtesten Stipendiaten war Friedrich Nietzsche. Er besuchte das Internat von 1858–1864. Der zukünftige Philosoph war ein Musterschüler. Klaglos nahm er das unter der Woche geltende Ausgehverbot hin. Die erlaubten Sonntagsspaziergänge nutzte er, um seine Familie zu besuchen. Nur einmal, am 12.4.1863, führte ihn sein Spaziergang in den nahen Bahnhof von Bad Kösen, wo er sich mit großem Vergnügen betrank. Zufällig wurde er dabei von einem Lehrer beobachtet. Nietzsche wurde bestraft, aber nicht, wie es heute der Fall wäre, gefeuert. Ohne die Schule hätte er nicht studieren können. Und ohne Studium hätte es den Philosophen Nietzsche wahrscheinlich nie gegeben. Nun ist nicht jeder besoffene Internatsschüler ein Philosoph, aber, liebe Internatspädagogen, er könnte einer werden.

Adresse Schulstraße 12, 06628 Schulpforte, www.landesschule-pforta.de | **Anfahrt** von der Abfahrt Apolda (A 4) aus über die B 87 nordwärts über Apolda und Bad Kösen direkt bis nach Schulpforte; aus Naumburg über die B 87, 1 Kilometer hinter Naumburg | **Öffnungszeiten** Das Schulgelände ist tagsüber für Besucher geöffnet. | **Tipp** Es lohnt sich die Besichtigung der ehemaligen Klosterkirche auf dem Gelände.

85 Das Grenzmuseum
Wandern auf dem Todesstreifen

Vom Tag des Baus am 13. August 1961 bis zum Fall der Mauer am 9. November 1989 starben 751 Menschen an der innerdeutschen Grenze, davon 271 an der sogenannten Landgrenze. So verloren in den 28 Jahren ihres Bestehens nahezu 27 Familien pro Jahr einen nahen Angehörigen. Diese Grenze hat auch ihr Leben zerstört.

Im Grenzabschnitt mit dem sprechenden Namen Sorge kamen in dieser Zeit sechs Männer zu Tode. Wer waren diese Männer? Welche Träume hatten sie? Wer hat sie getötet? An ihren Tod erinnert ein Gedenkstein. Von ihrem Leben wissen wir nichts.

Was wir heute sehr genau wissen, ist, wie nahezu lückenlos diese Grenze war. Im Freiland-Grenzmuseum Sorge kann man Reste der ehemaligen Befestigungsanlagen besichtigen. Es beginnt an der 500 Meter Sperrzone mit dem Stacheldraht-Signalzaun und der dazugehörigen Hundelaufanlage. Hatte man die überwunden, waren es immer noch 500 Meter bis zur eigentlichen Grenze. In diesem Bereich patrouillierten die Grenzer. War man denen nicht aufgefallen, stand man vor einem drei Meter hohen Drahtzaun. Dieser Draht war ein ganz besonderer Draht. Rostfrei, engmaschig und aus dem Westen. Das Material für den Zaun, der jahrzehntelang Ostdeutsche einsperrte, kam aus Westdeutschland. Das Geschäft war delikat und wurde deshalb über schwedische Mittelsmänner abgewickelt. Es war ein glänzendes Geschäft, schließlich war der Zaun, der Deutschland teilte, 1.400 Kilometer lang. Denken die Verkäufer von damals heute an die Toten der Grenze? Ahnen sie deren Verzweiflung beim Anblick des schier unüberwindbaren Zauns? Der Ort Sorge lag bis 1990 im militärischen Sperrgebiet. Seine Einwohner waren umgeben von Stacheldraht.

Im wiedervereinigten Deutschland ist Sorge ein touristisches Kleinod im Harz. Das Wandern auf dem ehemaligen Todesstreifen erinnert daran, wie großartig ein Leben im grenzenlosen Europa ist.

Adresse Försterbergstraße 5b, 38875 Sorge, www.grenzmuseum-sorge.de | **Anfahrt** über die Bundestraße 242 | **ÖPNV** mit der Harzquerbahn bis zum Bahnhof Sorge | **Öffnungszeiten** Das Freiland-Grenzmuseum: Die Grenzlandschaft ist jederzeit begehbar! (bitte beachten Sie die Witterung); das kleine Grenzmuseum im ehemaligen Bahnhofsgebäude: Sommer: Mi–Sa 11–16 Uhr und nach Anmeldung | **Tipp** Von Sorge können Sie mit der Schmalspurbahn zum Brocken fahren.

86 Das Uenglinger Tor
Zeugnis einstiger Größe

Es gab eine Zeit, da war Stendal die bedeutendste Stadt der Mark Brandenburg. Die Lage an wichtigen Handelsstraßen und die Mitgliedschaft in der Hanse hatten sie reich gemacht. Ihre Repräsentanten waren selbstbewusst und wurden überall mit den gleichen Ehren empfangen wie die Vertreter der kurfürstlichen Residenz Berlin-Cölln. Warum auch nicht? Stendal war mit Berlin absolut auf Augenhöhe. Das ist lange her.

Doch es gibt noch steinerne Zeugen der großen Vergangenheit. Das Rathaus am Marktplatz zum Beispiel. Heute wirkt der Platz etwas verloren, aber er war einmal der gesellschaftliche Mittelpunkt der Stadt. Im großen Saal des Rathauses werden die Wände großflächig von der ältesten nicht kirchlichen Holzschnitzerei Deutschlands geschmückt. Gleich hinter dem Rathaus erhebt sich die Marienkirche. Ein wunderschöner Backsteinbau aus der Mitte des 15. Jahrhunderts. Unter der Orgelempore hängt eine große astronomische Uhr. Sie zeigt einen 24-Stunden-Tag an. Sonne und Mond werden auf dem detaillierten Zifferblatt als Modelle dargestellt.

Wer Kopfsteinpflaster mag, wird Stendal lieben. Gefühlt alle Straßen, die vom Markt wegführen, sind damit gepflastert. Deshalb empfehle ich, vor der Autofahrt zum Uenglinger Tor den korrekten Sitz des Zahnersatzes zu überprüfen. Das Uenglinger Tor, einst Teil der großen Befestigungsanlage, gehört zu den schönsten Stadttoren Norddeutschlands. Von der ursprünglichen Toranlage steht noch der beeindruckende Turm. Er ist fast 28 Meter hoch und reich verziert. Angreifer sollten sich wahrscheinlich gleichzeitig klein und arm vorkommen. So was nennt man heute psychologische Kriegsführung. In den letzten Jahren der DDR bewohnte ein Mann die Turmzimmer, ohne Strom und fließend Wasser. Der Mann ist weggezogen. Sie können den Turm also in Ruhe besichtigen und von seiner Aussichtsplattform aus ganz Stendal überblicken.

Adresse Uenglinger Straße, 39576 Stendal | **Anfahrt** von Magdeburg über die B 189, von Stendal (Markt) über Hohe Bude, Uchtstraße, Winckelmannstraße links auf die Straße »Altes Dorf«, direkt auf die Uenglinger Straße | **ÖPNV** mit dem Zug bis Stendal-Hauptbahnhof | **Öffnungszeiten** nach Vereinbarung unter Tel. 03931/651190 | **Tipp** Im Dom St. Nikolaus können Sie eine große Anzahl von spätmittelterlicher Glasmalerei bewundern.

STENDAL

87 — Das Winckelmann-Museum

Schuster, bleib bei deinen Leisten!

Johann Joachim Winckelmann wurde am 9. Dezember 1717 in Stendal als Sohn eines Schusters geboren. Und wäre er »bei seinen Leisten« geblieben, hätte also den Beruf des Vaters ergriffen, wäre die Wissenschaft um den wichtigsten Altertumsforscher seiner Zeit und Begründer der methodischen Archäologie betrogen worden. Winckelmann stürzte sich nicht wie Indiana Jones in Abenteuer, sondern vertiefte sich in das sorgfältige Quellenstudium. Sein Leben war trotzdem so aufregend wie ein Film.

Winckelmann wuchs in armen, beengten Verhältnissen auf. Er war ein sehr talentierter Schüler. Mit einem Stipendium durfte er in Halle Theologie studieren, brach das Studium aber ab und fand eine Anstellung als Bibliothekar. Dort fiel er einem Geistlichen aus dem Vatikan auf, der ihm eine Stelle in Rom anbot. Winckelmann griff zu und wechselte dafür sogar zum Katholizismus. In Rom hatte er Zugriff auf wichtige Bibliotheken, traf die bedeutendsten Denker und Künstler seiner Zeit und konnte quasi vor der Haustür an den antiken Bauwerken die Richtigkeit der Schriften überprüfen. Aus all diesen Eindrücken machte er eine eigene Kunsttheorie. Winckelmann brachte es auf die Formel: »edle Einfalt, stille Größe«, und begeisterte damit seine Zeitgenossen.

Winckelmann war homosexuell. 1768 war er mit seinem Freund auf dem Weg von Italien nach Deutschland. Unterwegs kam es zum Streit, Winckelmann stieg allein in einem Triester Hotel ab. Dort wurde er brutal ermordet. Der Täter wurde zur Strafe gerädert. Schuster, wärst du mal bei deinen Leisten geblieben … dann wäre Winckelmann diesem Ende entgangen, aber garantiert schon Jahrzehnte vorher an Langeweile gestorben.

Das Museum informiert ausführlich über das aufregende Leben und Wirken von Johann Winckelmann.

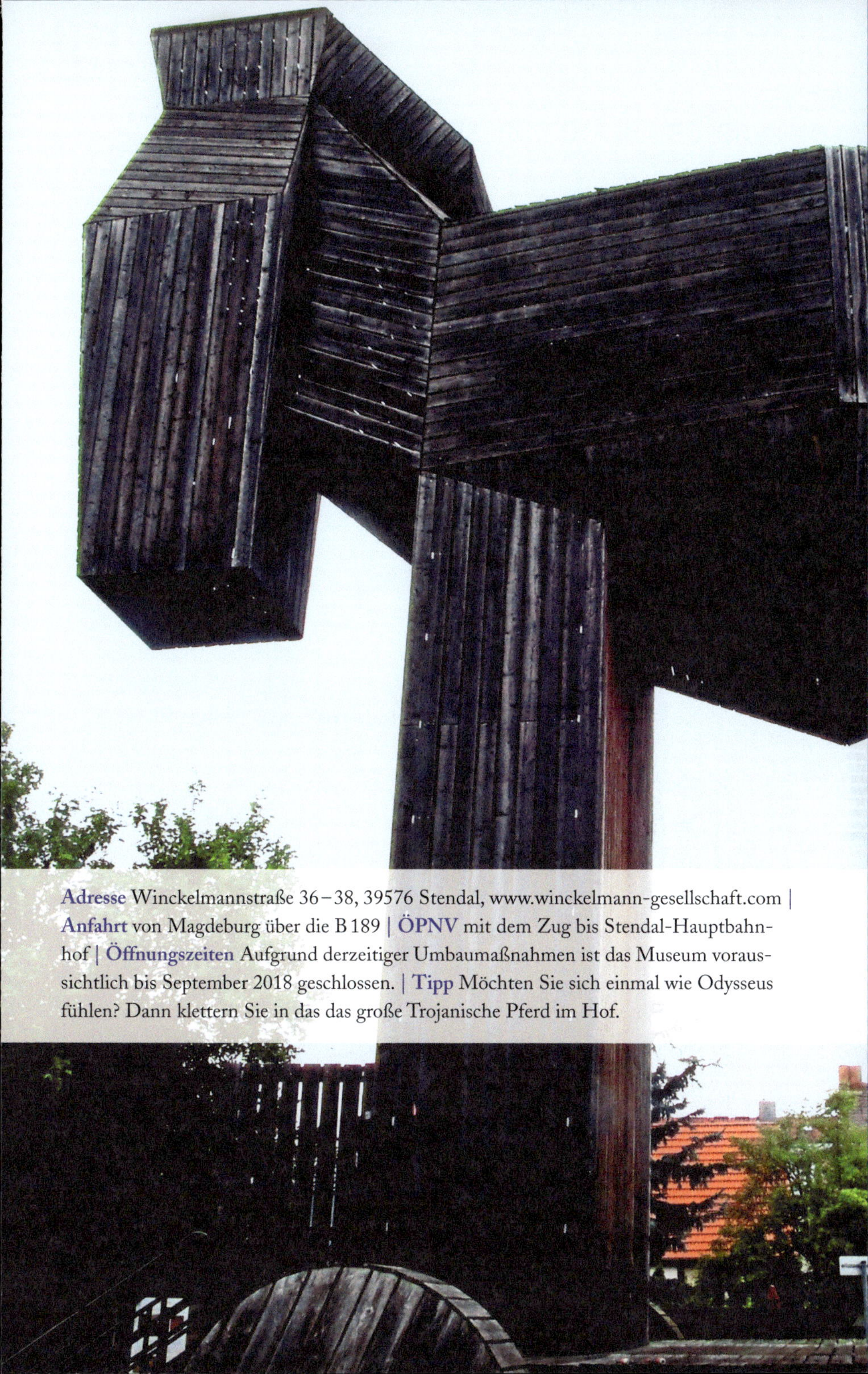

Adresse Winckelmannstraße 36–38, 39576 Stendal, www.winckelmann-gesellschaft.com | **Anfahrt** von Magdeburg über die B 189 | **ÖPNV** mit dem Zug bis Stendal-Hauptbahnhof | **Öffnungszeiten** Aufgrund derzeitiger Umbaumaßnahmen ist das Museum voraussichtlich bis September 2018 geschlossen. | **Tipp** Möchten Sie sich einmal wie Odysseus fühlen? Dann klettern Sie in das das große Trojanische Pferd im Hof.

TANGERMÜNDE

88 Die Alte Kanzlei
Der erste Anbahnungs-Club

Die Alte Kanzlei ist das einzig erhaltene Gebäude aus der Zeit von Kaiser Karl IV. Der war 1373 in die um das Jahr 1000 errichtete Burg eingezogen. Karl IV. baute die Anlage zu einem Schloss aus und ließ auch einen Tanzsaal errichten, die heutige Alte Kanzlei von Tangermünde.

Tangermünde liegt direkt an der Mündung der Tanger in die Elbe. Daher auch der Name Tanger-münde. Schon im 3. Jahrhundert vor Christus hatten die Kelten dieses schöne Fleckchen Erde für sich entdeckt. Die Kelten, oder wie die Römer sie nannten: die Gallier, hatten sich über den ganzen Kontinent verteilt. Wer wissen will, was für Typen die Kelten (Gallier) waren, kann das sehr anschaulich in den Asterix-Comics nachlesen.

Kaiser Karl IV. gilt als bedeutendster europäischer Regent des Spätmittelalters. Dieser wichtige Mann hatte sich in Tangermünde verliebt und machte es neben Prag zu seiner Residenz. Karl IV. war ein kultivierter Mann. Die Sitte des märkischen Adels, Frauen und Männer bei Feiern zu trennen, fand er lächerlich und hob sie auf. Stattdessen organisierte er Tanzveranstaltungen, bei denen er Männer und Frauen nebeneinander sitzen ließ. Nur nie die Ehefrau neben den Ehemann. Die waren nämlich häufig auch verwandt. Wahrscheinlich waren dem Kaiser die Folgen von Inzucht bei den Nachkommen aufgefallen. Karl wollte dem entgegenwirken und forderte jeden Mann auf, seine (fremde) Tanz-Nachbarin am Ende des Abends nach Hause zu begleiten. Man könnte also behaupten, Kaiser Karls Tanzveranstaltungen waren so was wie eine Swinger Party. Nach dem Tod Karls wurden die Partys eingestellt.

Heute gehört die Alte Kanzlei zum sehr schönen Hotel Schloss Tangermünde. Sie können sie mieten, um darin zum Beispiel Ihre Hochzeit zu feiern. Es sei denn, Sie möchten innerhalb Ihrer Familie heiraten, das ist inzwischen auch in Tangermünde wieder verboten.

Adresse Amt 1, 39590 Tangermünde | **Anfahrt** über die A 2 bis Abfahrt Magdeburg-Zentrum, hier auf die B 189 bis Stendal, von dort über B 188 bis Tangermünde | **ÖPNV** mit dem Zug über Stendal zur Bahnstation Tangermünde | **Öffnungszeiten** nach Vereinbarung mit dem Hotel unter Tel. 039322/7373 | **Tipp** Genießen Sie einen Kaffee auf der angrenzenden Terrasse des Schloss-Hotels. Die herrliche Aussicht auf Elbe und Tanger gibt's gratis dazu. (www.schloss-tangermuende.de)

89 Die Exempel Gaststuben
Macht einfach Spaß

Auf meiner Reise durch Sachsen-Anhalt war ich immer auch auf der Suche nach lebendigen Orten. Nach Orten, in denen heute etwas geschieht. Gefunden habe ich sehr viele Orte mit einer spannenden Geschichte. In Tangermünde habe ich zu meinem Glück auch einen Platz entdeckt, wo im Hier und Jetzt Geschichten erzählt oder gemacht werden, wo man lacht, trinkt und isst. Ein Platz, wo man einfach eine gute Zeit hat, wo man sich auch allein nicht langweilt, weil die Umgebung total originell ist. Die Rede ist von den Gaststuben Exempel.

Die Zimmer im alten Schulhaus sind alle unterschiedlich eingerichtet. Im wieder hergerichteten Schulzimmer können Sie an historischen Schulbänken Platz nehmen. Im Unterschied zu früher dürfen Sie heute dort Bier trinken. Sie sollten bei den schrägen Tischplatten nur Ihr Glas im Auge behalten. Wer es gemütlicher mag, sucht sich seine Ecke in der »Guten Stube«. Die Sofas sehen nach Biedermeier aus, und auf den Tischen liegen Spitzendecken. Wenn Sie es noch bequemer mögen oder der Abend schon vorangeschritten ist, können Sie sich auch ins Schlafzimmer des Hauses zurückziehen. Der Raum bietet Platz für sieben Personen. Mit wie vielen davon Sie das Bett teilen wollen, bleibt Ihnen überlassen. Jede Etage ist anders, jeder Raum eine eigene Welt. Sie können im Prinzip jeden Tag in eine andere Kneipe gehen und trotzdem immer im Exempel landen.

Jede Kneipe schließt irgendwann, oft gerade, wenn es am schönsten ist. Das ist meistens blöd, im Fall des Exempels kein Problem. Sie gehen einfach über die Straße und checken in den Exempel Schlafstuben ein. Da geht der Wahnsinn nämlich weiter. 18 Gästezimmer und jedes widmet sich einem anderen Thema aus der Geschichte von Tangermünde. Mein Favorit ist das Kaiser-Karl-Gemach mit einem Holzzuber zum Baden und einem Toilettenthron zum … Regieren, was sonst?

Adresse Kirchstraße 40, 39590 Tangermünde, www.exempel.de | **Anfahrt** über die A 2 bis Abfahrt Magdeburg-Zentrum, hier auf die B 189 bis Stendal, von dort über B 188 bis Tangermünde | **ÖPNV** mit dem Zug über Stendal zur Bahnstation Tangermünde | **Öffnungszeiten** 3. Jan.–31. März, Mo–So 6.30–22 Uhr | **Tipp** Bleiben Sie ruhig ein paar Tage in Tangermünde, es lohnt sich.

TANGERMÜNDE

90 Die Orgel in St. Stephan
So klingt's im Himmel

Wenn die ersten Takte der Toccata und Fuge in d-Moll von Johann Sebastian durch die Kirche von St. Stephan hallen, sollten Sie sitzen. Denn sonst könnte es passieren, dass die Orgel Sie aus den Schuhen bläst.

Die Toccata und Fuge in d-Moll ist das wohl bekannteste Orgelstück der Musikgeschichte. Die Orgel der Stephanskirche in Tangermünde wurde von einem der berühmtesten Orgelbauer geschaffen, von Hans Scherer dem Jüngeren aus Hamburg, und ist heute seine einzige, von der sowohl das prachtvoll geschnitzte Gehäuse als auch etwa die Hälfte der Originalpfeifen erhalten sind. Scherer stellte die barocke Orgel 1624 fertig, 61 Jahre vor Bachs Geburt. Ich könnte mir vorstellen, dass er von Musik wie der Toccata und Fuge in d-Moll träumte, als er die Pfeifen in die Orgel setzte.

Die Epoche des Barock war geprägt vom Absolutismus. Die Kultur blühte unter der Förderung solcher Könige wie dem französischen Ludwig XIV. auf. Gleichzeitig wurde der Habitus der Herrscher, das Monumentale und Repräsentative zum Beispiel in der Architektur, im Gartenbau und eben auch in der Musik, bis zur Übertreibung imitiert.

Von Johann Wolfgang von Goethe stammt der Satz: »Die Kunst ist eine Vermittlerin des Unaussprechlichen.« Die Musik von Bach, gespielt auf einer Orgel von Scherer, ist unaussprechlich schön. Sie vermittelt das Gefühl, dass es etwas gibt, das größer ist als man selbst. Eigentlich sollte man bei einem Orgelkonzert das Taufbecken in die Mitte stellen. Es würde mich nicht wundern, wenn dann bis dahin völlig Ungläubige, ergriffen von der Musik, ihren Kopf ganz von allein in das Becken stecken. Es kann sein, dass sie dann, vom kalten Wasser ernüchtert, nur noch an ein Handtuch denken. Wahrscheinlich ist aber, dass die Orgelmusik ein Fenster in ihrem Herzen geöffnet hat und sie die Kirche als bessere Menschen wieder verlassen.

Adresse St. Stephan, Pfarrhof 6, 39590 Tangermünde, www.sankt-stephan-tangermuende.de | **Anfahrt** über die A 2 bis Abfahrt Magdeburg-Zentrum, hier auf die B 189 bis Stendal, von dort über B 188 bis Tangermünde | **ÖPNV** mit dem Zug über Stendal zur Bahnstation Tangermünde | **Öffnungszeiten** Nov.–März 13–15 Uhr | **Tipp** Gehen Sie zum Bootshafen an der Tanger. Von dort hat man den schönsten Blick auf Tangermünde.

THALE

91 Das Bodetal
(Grand) Canyon

Am Brocken, dem höchsten Berg im Harz, entspringt die Bode. Eine Quelle, nicht viel mehr als ein Bach, sobald er ans Licht kommt. Doch dieser Bach schneidet sich gnadenlos in den harten Granit des Berges. Das macht er so unerbittlich, dass sich in Millionen von Jahren eine tiefe Schlucht in das Gestein gefressen hat, das Bodetal. Bei Treseburg geht es 140 Meter und bei Thale sogar 280 Meter in die Tiefe. Mit rund 470 Hektar gehört das Bodetal zu den größten Naturschutzgebieten in Sachsen-Anhalt und zu einem der beliebtesten Ausflugsziele. Das Bodetal ist alles, nur keine neue Entdeckung oder ein Geheimtipp. Und trotzdem muss ich in diesem Buch darauf hinweisen und zwar aus einem einfachen Grund. Ich habe mich in diese Landschaft verliebt. Sie ist wild, romantisch und sagenhaft schön.

Auf zehn Kilometer erstrecken sich extreme Steilwände und wechseln sich dichte Wälder mit blühenden Wiesen ab, vorausgesetzt man entdeckt das Tal in der warmen Jahreszeit. Noch vor 200 Jahren war das Bodetal vom Menschen nahezu unberührt. Nur an wenigen Stellen konnte man an das reißende Ufer der Bode vordringen. Erste schmale Wanderwege entstanden erst ab 1818.

Wahrscheinlich fällt es dem Wanderer gar nicht auf, doch ganz schnell ändert sich im Bodetal das Mikroklima. In den dunklen Seitenschluchten existieren Paradiese für Schattenpflanzen aller Art. In den sonnigen Ecken blühen Blumen, wie Alpenaster, ein echtes Relikt aus der Eiszeit, und sogar Orchideen. Wer bei der Vorstellung von Blumen nicht sofort entzückt ist, wird vielleicht hellhörig bei dem Gedanken an kreisende Wanderfalken, an Wespenbussarde auf der Jagd und einen Rotmilan im Nest.

Und wenn man Glück hat, weil man vielleicht allein wandert oder in einer kleinen, ruhigen Gruppe, dann kann man sogar einen Luchs beobachten. Diese Wildkatze gibt es nämlich auch wieder im Bodetal.

Adresse 06502 Thale | **Anfahrt** über die L 92 | **Öffnungszeiten** ganzjährig, wenn das Wetter es zulässt | **Tipp** Der Besuch im Harzer Bergtheater auf dem Hexentanzplatz von Thale ist Kultur- und Naturgenuss in einem. Weitere Infos unter: www.harzer-bergtheater.de.

92 — Das Wandgemälde
Die Utopie stirbt zuletzt

»Der internationale Charakter der Offensive des Marxismus-Leninismus« ist keine alte Schlagzeile aus dem »Neuen Deutschland«. Es ist der Titel eines 25 mal 7 Meter großen Wandbilds vom vielfach in der DDR ausgezeichneten Maler Willi Neubert. Der Künstler schuf es 1978 im Auftrag der Stadt Suhl, wo es in Emaille auf Stahl bis Anfang der 1990er Jahre an der Sporthalle am Stadthallenbau leuchtete.

Wer heute am Bahnhof Thale aussteigt, kann Willi Neuberts Bild in seiner Heimatstadt Thale sehen. Seit November 2010 schmückt es nämlich die dem Bahnhof gegenüberliegende Wand. Es handelt sich dabei um die Außenfassade einer Halle des ehemaligen Eisen- und Hüttenwerks Thale. Dieses Werk war der Hersteller der für dieses Bild verwendeten Emaille. Die Kunst ist sozusagen nach Hause zurückgekehrt. Neuberts großformatige Wandbilder aus Industrieemaille schmückten viele Großstädte der DDR. Das neue Material sollte die frohe Botschaft vom Sieg des Sozialismus in die Ewigkeit tragen. Die dauerte bekanntlich bis 1989 und schneller, als eine Landschaft blühen kann, wurden die meisten Bilder von Willi Neubert abmontiert. Das macht das Bild in Thale heute zu einer echten Rarität.

Aber was wollte der Künstler mit »Der internationale Charakter der Offensive des Marxismus-Leninismus« dem Sporthallenbesucher damals sagen? Vielleicht: Die Zukunft ist bunt, und im Zentrum stehen Frauen im Nachthemd? Ich weiß es nicht, aber wäre die Wirklichkeit in den marxistisch-leninistischen Ländern nur annähernd so international und bunt gewesen, ich würde nie aufhören, ihr nachzuweinen.

Es bleibt uns heute der Blick auf ein Werk, das man dem Sozialistischen Realismus zuordnen kann, das aber nichts von der damaligen Realität abbildet. Insofern ist es also wieder echte Kunst und bietet dem Auge eine willkommene Abwechslung zur Harzer Fachwerkidylle.

Adresse Mühlenstraße, 06502 Thale, gegenüber vom Bahnhof | **Anfahrt** über die L 92, Parken am Bahnhof | **ÖPNV** mit dem Zug aus Magdeburg, Haltestelle Bahnhof Tahle | **Tipp** Sind Sie schwindelfrei? Dann lassen Sie das Auto stehen und nehmen die Seilbahn hinauf zur Rosstrappe. Die Talstation ist in der Nähe des Bahnhofs.

TIMMENRODE

93 Die Teufelsmauer
Sympathy for the devil

Vor langer, langer Zeit tobte ein Kampf zwischen Gut und Böse auf der Erde. Der Teufel verlangte seinen Anteil. Der wunderschöne Harz sollte ihm gehören. Gott versprach dem Teufel das Gebiet, wenn es ihm gelänge, in nur einer Nacht eine gewaltige Mauer darum zu errichten. Der Teufel sagte, kein Problem, und machte sich an die Arbeit. Er haute voll rein und schuf so Stein um Stein die gewaltige Mauer in der Dunkelheit. Als Gott erkannte, dass der Teufel seine Aufgabe bewältigen würde, schickte er – Achtung! jetzt kommt's – eine Bäuerin aus Timmenrode mit einem Hahn im Korb zum Markt. Die stolperte durch die Nacht und fiel prompt über einen Kieselstein. Der Hahn plumpste aus dem Korb und begann aufgeregt zu krähen. Der Teufel, offensichtlich nicht der Schlauste, dachte sofort, verdammte Hacke, es ist zwar noch stockdunkel, aber wenn der Hahn kräht, bricht ja wohl der Tag an. Tja, und da er das glaubte, war er auch davon überzeugt, dass er seine Aufgabe nicht zu Ende gebracht hatte. Und da der Teufel nicht nur doof, sondern auch ein Choleriker ist, schleuderte er den Schlussstein wütend in seine riesige Mauer. Stehen blieben nur die Bruchstücke, die wir heute die Teufelsmauer nennen. So weit die Fakten. Kommen wir nun zur Sage. Oder umgekehrt?

Die Teufelsmauer ist eine aus hartem Sandstein bestehende Felsformation. Sie verläuft von Blankenburg über Weddersleben und Rieder bis nach Ballenstedt. Die Teufelsmauer ist eines der ältesten Naturschutzgebiete Deutschlands. Es gibt viele namenlose Felsen, aber die herausragenden Einzelfelsen tragen schöne Eigennamen. Zwischen Timmenrode und Blankenburg heißen zwei zum Beispiel Großvater und Großmutter. Ich denke, das sollte man wissen, bevor man sie besteigt.

Zum Schluss noch eine Frage: Was wäre eigentlich aus dem Harz geworden, wenn der Teufel seine riesige Mauer darum rechtzeitig beendet hätte? Die DDR?

Adresse 06502 Timmenrode | **Anfahrt** über die L 92 | **ÖPNV** mit dem Bus aus Thale oder Ballenstedt Haltestelle Timmenrode | **Tipp** Lassen Sie Puppen oder gleich die Hexen tanzen – auf dem Hexentanzplatz in Thale.

VOCKERODE

94 — Das ehemalige Kraftwerk
Asche zu Asche …

Der stärkste Eindruck beim Anblick des ehemaligen Kraftwerks Vockerode entsteht durch das, was man nicht mehr sieht. Über Jahrzehnte waren vier Schornsteine das Wahrzeichen von Vockerode. Jeder stolze 140 Meter hoch. Doch alle Proteste halfen nichts, 2001, sieben Jahre nach der Stilllegung des Kraftwerks, wurden sie gesprengt. Ohne die Schornsteine ist das Kraftwerk immer noch sehr imposant, aber leider nur noch von außen zu besichtigen. Ich hatte das Glück, vor einigen Jahren von Herrn Wasserberg durch das Werk geführt zu werden. Es gibt wahrscheinlich niemanden, der Ihnen mehr über das Kraftwerk Vockerode erzählen kann. In seinem Körper fließen Kilowattstunden, denn er wurde auf dem Gelände des Kraftwerks geboren. Nach einer Lehre war er 31 Jahre Kraftwerker. Er begleitet Sie in die ehemaligen, hochhaushohen Kohleschächte, erklärt Ihnen die Schaltzentrale und schildert Ihnen plastisch die Arbeit in einem Kohlekraftwerk.

1938 geht das Kraftwerk Vockerode zum ersten Mal ans Netz. Vom Krieg verschont, wird es 1945 von der Roten Armee bis auf die Grundmauern demontiert. Erst 1954 liefert Vockerode wieder Strom. Ab 1969 kommt die Erzeugung von Fernwärme dazu. Fast 17.000 Dessauer Wohnungen verdanken ihre wohlige Wärme dem Kraftwerk Vockerode. In der ebenfalls angeschlossenen Gewächshausanlage gedeihen durch die Wärme ganzjährig Tomaten und Gurken. Das Gemüse landet in den ohnehin schon vollen Supermärkten von West-Berlin.

Das Kraftwerk Vockerode verarbeitete 40 Jahre die Braunkohle der Region zu Energie für die Chemie- und Schwermaschinenindustrie. Es war Ausbildungsstätte für Lehrlinge, gut bezahlter Arbeitsplatz, Veranstalter von Ferienlagern und Finanzier von Sport- und Kulturvereinen. Heute führt Sie Herr Wasserberg durch die riesigen, menschenleeren Hallen. Das Kraftwerk ist Herr Wasserbergs Leben. Seine Asche soll am Kessel 4 in der Mühle 3 verstreut werden.

Adresse Griesener Straße 32, 06786 Vockerode, Tel. 034905/52317, www.kohle-dampf-licht.de | **Anfahrt** über die A 9, Abfahrt Vockerode | **ÖPNV** Bus 304 von Dessau oder Wörltz, Haltestelle Kraftwerk | **Öffnungszeiten** Heute ist das ehemalige Kraftwerk aus Sicherheitsgründen nicht mehr zugänglich. Doch der »gestrandete Dampfer« ist noch immer von nah und fern zu sehen und zeugt von einer reichen Industriegeschichte. | **Tipp** Von der 40 Meter hohen Aussichtsplattform können Sie fast bis Berlin sehen.

95 Werben
Gar nicht bieder

Es führen nicht alle Straßen nach Werben, aber doch einige. Ich empfehle Ihnen die Straße von Havelberg, denn so können Sie mit der Fähre bei Räben die Elbe überqueren. Die Elblandschaft und das gemächliche Übersetzen sind ein besonderes Erlebnis. Vom anderen Ufer führt eine sehr schöne vier Kilometer lange Allee nach Werben. Erlaubt sind auf dieser Kopfsteinpflaster-Straße 70 Stundenkilometer. Aber schon bei 40 Stundenkilometern entsteht das Gefühl, in einem Cocktailshaker zu sitzen. Bei der Fahrt auf die Stadt fällt besonders die St.-Johanniskirche auf. Die wirkt riesig für diesen kleinen Ort. Ihr großes leuchtend rotes Satteldach dominiert die Silhouette von Werben. 1160 schenkte Markgraf Albrecht der Bär die Kirche von Werben dem Johanniterorden. Die Johanniter errichteten auf dem Fundament der alten Kirche das bis heute beeindruckende Bauwerk.

Werben liegt auf der Liste der kleinsten Städte Deutschlands zwischen Orlamünde und Neustadt am Kulm auf Platz 20. Dass es nicht ganz von der Landkarte verschwindet, dafür kämpfen die rund 1.200 Einwohner von Werben. Im Arbeitskreis Werben Altstadt e.V. haben sich die engagiertesten von ihnen zusammengeschlossen, mit einigem Erfolg. Der Marktplatz ist umstanden von sorgfältig sanierten Häusern. Es gibt mehrere Kneipen oder Restaurants. Besucher können in Hotels, in sehr schönen Ferienwohnungen und liebevoll wiederhergestellten alten Häusern übernachten. Oder Sie campen und verbringen ihren Angelurlaub in Werben und springen zum Abkühlen direkt in eine der idyllischen Elbbuchten. Werben bietet jede Menge aktive Erholung und Kultur. Rockmusik beim jährlichen Festival »Rock in Räbel« im Mai und für Gäste, die ruhiger angehen lassen wollen, in jedem Juni den Biedermeiersommer. Biedermeier ist die Epoche zwischen dem Wienerkongress 1815 und der bürgerlichen Revolution 1848. Berühmt ist der Biedermeier für seine Mode und Hausmusik. Berüchtigt, als konservativ und Flucht ins Idyll. Werben wirkt überhaupt nicht konservativ, ist aber ein echtes Idyll.

Adresse 39615 Werben, www.werben-elbe.de | **Anfahrt** von Stendal über die L 16, von Havelberg über die L 2, dann mit der Fähre | **Tipp** Werben ist bekannt für seine Biedermeierfeste. Infos auf www.werben-elbe.de/kultur-freizeit/veranstaltungskalender

96 Das Karl-Marx-Denkmal
Proletarier aller Länder, vereinigt euch!

Am 5. Mai jeden Jahres versammeln sich immer einige Gestalten an der Salzbergstraße Ecke Flutrenne. Diese Menschen wollen keine verspätete Maifeier veranstalten, sondern den Geburtstag von Karl Marx feiern. An dieser Kreuzung steht nämlich Deutschlands erstes Denkmal, das dem Begründer des Wissenschaftlichen Sozialismus gewidmet ist. Geschaffen hat es der Künstler Heimo Mrosowski, der von 1948 bis 1962 in Wernigerode wirkte. Er starb 1981 in Bremen, was bedeutet, dass er sich irgendwann vom gelebten Marxismus in der DDR entfernt haben muss. Entfernt sind auf dem Gebiet, das früher DDR hieß, auch viele Spuren der Erinnerung an Karl Marx. Konnte man sich früher in jeder Stadt an besonderen Tagen »freiwillig« an einem Denkmal versammeln, ist das Wernigeroder Marx-Ehrenmal inzwischen eines der letzten seiner Art.

Aber auch das Wernigeroder Denkmal war schon einmal verschwunden. Und wäre das nicht erst Mitte der 1990er Jahre geschehen, sondern schon zehn Jahre zuvor, hätte die Zeitungsmeldung dazu wahrscheinlich folgendermaßen gelautet: »Aufgehetzt von imperialistischer Schund- und Schmutzliteratur rissen fehlgeleitete Jugendliche in einer Nacht- und Nebelaktion den Kopf des großen Sohnes der deutschen Arbeiterklasse von seinem Sockel und versenkten ihn in einem revanchistischen Akt im nahe gelegen Teich. Die Werktätigen der Stadt Wernigerode und ihre Organe sind empört!« Im Nachwende-Wernigerode wurde dieser Vorfall unaufgeregter zur Kenntnis genommen und der originale Marx-Kopf nach seiner Bergung kurzerhand ins sichere Museum gebracht. Heute ziert eine Kopie den Sockel.

Vertreter der Linken erinnern am 5. Mai jeden Jahres trotzdem immer mit ein paar kämpferischen Worten an ihren theoretischen Helden. Denn wie sagte Karl Marx einst selbst: »Alle Revolutionen haben bisher nur eines bewiesen, nämlich, dass sich vieles ändern lässt, bloß nicht die Menschen.«

Adresse Salzbergstraße, Ecke Flutrenne, 38855 Wernigerode | **Anfahrt** über die B 6 | **ÖPNV** Bus 2 vom Hauptbahnhof, Haltestelle Salzbergstraße | **Tipp** Vom Erfinder des Sozialismus zum Erbe des Feudalismus ist es nicht weit. Besuchen Sie Schloss Wernigerode.

97 Das kleinste Haus
Platz ist in der kleinsten Hütte!

1986 machte der Film »40 qm Deutschland« in der Bundesrepublik Furore. Er beschreibt das Leben eines türkischen Ehepaars, in dem die Frau niemals die Wohnung verlassen darf. Ihr deprimierendes Leben spielt sich ausschließlich auf den im Titel genannten 40 Quadratmetern ab.

Bis 1976 lebte in Wernigerode eine Frau in einem Haus auf acht Quadratmetern. Sie konnte ihr Heim jederzeit verlassen, was sie bis zu ihrem Tod aber nie endgültig tat.

Sie war die jüngste Tochter eines Oberschaffners, der genau das Haus seit 1904 mit seiner Frau und sage und schreibe sieben Kindern bewohnte. Das macht 0,88 Quadratmeter für jeden. Und wer jetzt denkt: Oh mein Gott, da würde ich ja eingehen, dem sei gesagt, dass zeitweise sogar noch ein Untermieter im Haus wohnte. Das führt, ob man nun will oder nicht, zu großer Nähe. Zu so großer Nähe, dass die schon oben erwähnte jüngste Tochter den Untermieter später heiratete. Nach seinem Tod lebte sie bis 1976 allein in ihrer »Villa«. Im Testament vermachte sie das kleinste Haus der Stadt Wernigerode.

Seit 1993 ist es nun ein Museum. Das in der Mitte des 18. Jahrhunderts gebaute Fachwerkhaus misst bis zum Dachtrauf 4,20 Meter, die Breite beträgt gerade mal 2,95 Meter. Im Haus befindet sich nur ein einziger Raum und der ist eben acht Quadratmeter groß, oder besser klein. Auf dieser Fläche haben bis zu zehn Menschen gelebt. Um zu erahnen, wie sich das anfühlt, muss man sein Abendessen mit der Familie einfach mal im Besenschrank einnehmen. Nehmen wir uns ein Beispiel, rücken wir zusammen und sparen so Platz und jede Menge Geld, allein an Heizkosten. Wenn so viele Menschen aufeinander hocken, wärmen die sich doch gegenseitig. Also, Häuslebauer, aufgepasst! Rechnen Sie Ihren Hauskredit mal mit einer Wohnfläche von acht Quadratmetern durch. Das Ergebnis wird Ihrem Bankberater die Tränen in die Augen treiben.

Adresse Kochstraße 43, 38855 Wernigerode, www.wernigerode.de/de/das-kleinste-haus.html | **Anfahrt** über die B 6 | **ÖPNV** Bus 2 der HVB vom Bahnhof bis zur Haltestelle Forckestraße | **Öffnungszeiten** täglich 10–16 Uhr, Nov.–April Mo geschlossen | **Tipp** Das Rathaus von Wernigerode sollten Sie sich nicht entgehen lassen.

WERNIGERODE

98 — Das Lebensbornheim
F… für den Führer

Am 1. September 1937 eröffnete in Wernigerode das »Lebensbornheim Harz«. Was nach einem Ferienlager klingt, war in Wirklichkeit eine Zuchtanstalt der SS. Mehr als 1.000 Kinder wurden im »Lebensborn Harz« zwischen 1937 und 1945 geboren. Aus ihnen wollten die Nazis den »Adel der Zukunft« rekrutieren.

Die meisten ihrer Mütter waren nicht verheiratet. Die meisten Väter schon, was moralisch kein Problem darstellte, soweit sie ranghohe Nazis waren. Die Schwangeren brauchten den sogenannten »Ariernachweis« bis ins Jahr 1800 zurück. So wollte die SS eine »qualitative Verbesserung des Nachwuchses unter Zuchtkriterien im Sinne der nationalsozialistischen Rassenhygiene« erreichen. Sie hätten besser auf ihre geistige Hygiene achten sollen.

Die werdenden Mütter wurden in den Heimen sehr gut betreut. Sie genossen das für die Kriegszeit üppige Essen und den hohen medizinischen Standard. Nach der Geburt wurde eine Namensgebungsfeier abgehalten. In diesem, der christlichen Taufe nachempfundenen Ritual stand dem Neugeborenen ein SS-Mann als Pate zur Seite. Der hielt dabei schützend seinen Dolch über das Kind. Eine schaurige Vorstellung. Überall in den besetzten Gebieten waren Lebensbornheime entstanden, die als Heime dienten. Himmler hatte befohlen, jedes »arisch« aussehende, blonde und blauäugige Kind zwecks »Eindeutschung« einfach zu entführen. Diese Kinder landeten dann in den Lebensbornheimen. Dort bekamen sie neben dem Deutschunterricht gleich eine komplett neue Identität, bevor sie an stramme Nationalsozialisten im Reich verteilt wurden.

Nach dem Krieg nutzte man das Objekt bis 1990 als Geburtsklinik. Inzwischen beherbergt es ein Lehrlingswohnheim. Doch Lehrlinge gibt es in der Region immer weniger. Es ist gut möglich, dass in absehbarer Zeit ein Altenheim einzieht. Vielleicht kehren dann auch einige der einstigen Lebensborn-Säuglinge wieder zurück.

Adresse Brockenweg 1, 38855 Wernigerode | **Anfahrt** über die B 6 | **ÖPNV** Bus 2 vom Hauptbahnhof, Haltestelle Salzbergstraße | **Öffnungszeiten** nur von außen zu besichtigen | **Tipp** Wer zu den Sternen will, erfährt im Museum für Luftfahrt und Technik, Gießerweg 1, in 38855 Wernigerode, wie er dahinkommt (www.luftfahrtmuseum-wernigerode.de/de/).

99 — Der Miniaturenpark
Der Harz in zehn Minuten

Erfüllt sich hier endlich der Traum gehetzter japanischer Touristen? Der komplette Harz in nur zehn Minuten? Wenn man in diesem Tempo weiterbesichtigen könnte, wäre man mit Deutschland in einer Stunde durch. Und für Europa bräuchten unsere Gäste aus Fernost nicht mehr zehn, sondern nur noch einen Tag. Vielleicht sollten die Macher des Miniaturenparks »Kleiner Harz« in Wernigerode mal ernsthaft über eine Erweiterung nachdenken. Ganz Japan würde es ihnen danken. Aber das echte Schloss Neuschwanstein müsste ohne Japaner wahrscheinlich dichtmachen.

Derzeit kann man in Wernigerode insgesamt 50 Miniaturbauwerke bewundern, die bekanntesten Gebäude und Orte der Harzregion. So gesehen ist der Miniaturenpark der perfekte Einstieg für den Harz-Neuling. Sie fühlen sich wie Gulliver in Liliput, wenn Sie die Burg Falkenstein aus der Luft betrachten, die Stiftskirche von Quedlinburg mühelos umrunden und ganz ohne Schwindel die Seilbahn von Thale beobachten. Hergestellt wurden die Bauwerke in den Werkstätten der Oskar-Kämmer-Schule Wernigerode. In einer Schauwerkstatt auf dem Gelände kann man täglich alle Arbeitsschritte vom Bau des Grundkörpers über das Formen der Ziegel bis hin zum Bemalen des Modells verfolgen.

Der angrenzende Bürgerpark bietet auf 17 Hektar viel mehr, als man an einem Tag erleben kann, unter anderem 78 Themengärten, eine Mineralienschlucht, 14 Spiellandschaften, einen Naturlehrpfad und eine 22 Meter hohe Aussichtsplattform.

Mitten im heutigen Bürgerpark befand sich über 70 Jahre die Fachschule für Landwirtschaft. Von hier zogen die ausgebildeten Agraringenieure in die ganze DDR, wo sie halfen, das Land zu kollektivieren. Sie leiteten die Landwirtschaftlichen Produktionsgenossenschaften und sorgten für die Übererfüllung der Pläne. Eine Ausstellung im Restaurant des Bürgerparks erinnert an diese Schule und ihre vielen Absolventen.

Adresse Bürgerpark Wernigerode, Dornbergsweg 27, 38855 Wernigerode, www.wernigerode.de/de/miniaturenpark.html | **Anfahrt** über die B 6, Parkplätze am Park | **ÖPNV** Citybus 1, 4, Haltestelle Im langen Schlage | **Öffnungszeiten** April–31. Okt. 9–18 Uhr, Mai–Sept. 9–19 Uhr, Einlass eine Stunde vor Kassenschluss | **Tipp** Wenn Sie noch Zeit haben, empfehle ich Ihnen einen Abend in der »Remise« mit Live-Jazz, Markt 1.

WEISSENFELS

100 Das Geleitshaus
Oh wie wohl ist mir mit Wasa …

Wasa ist ein Knäckebrot und ein schwedisches Herrschergeschlecht. Sein schillerndster Vertreter ist Gustav II. Adolf, König und Märtyrer der Protestanten im Dreißigjährigen Krieg.

Der schwedische König führte seine Truppen im November 1632 in die Schlacht bei Lützen. In dem heute in Sachsen-Anhalt liegenden Ort standen ihm die katholischen Truppen unter dem Kommando von Wallenstein gegenüber. Diesen Wallenstein ließ Friedrich Schiller im gleichnamigen Drama sagen: »Und setzet ihr nicht das Leben ein, nie wird euch das Leben gewonnen sein.« Gustav II. Adolf setzte in der Schlacht sein Leben ein und verlor es. Entgegen der Warnungen seiner Generäle führte er beherzt einen Reiterangriff an.

Ein gezielter Schuss setzte dem ein Ende. Der König starb. Die Schlacht wurde erbarmungslos geführt. Über Gefangene gibt es auf beiden Seiten keine Aufzeichnungen, wohl aber über die Toten. In der Nacht fand man den toten König, ausgeraubt und halb entkleidet, unter einem Leichenberg vergraben. Man brachte ihn ins Geleitshaus im nahe gelegenen Weißenfels.

Der Weißenfelser Apotheker Casparus König sollte den Leichnam sezieren. Vielleicht zitterten ihm wegen der delikaten Aufgabe die Hände, jedenfalls ist noch heute ein Fleck von Gustav Adolfs Blut an der Wand zu besichtigen. Der Apotheker machte ansonsten seine Arbeit gut. Er präparierte die Leiche für den langen Rückweg nach Schweden. Erst ein halbes Jahr später kam der Sarg nach Wolgast. Am 16. Juli 1633 wurde er dort eingeschifft und nach Schweden gebracht, wo der Leichnam in Stockholm endgültig beigesetzt wurde. Sein Rivale Wallenstein fiel nur Monate später einem Mordkomplott aus den eigenen Reihen zum Opfer. Man könnte sagen, wie gewonnen, so zerronnen.

Das Geleitshaus bietet allen »Schlachtenbummlern« eine lohnende Ausstellung zur Schlacht und ihrem prominentesten Opfer.

Adresse Große Burgstraße 22, 06667 Weißenfels, www.geleitshaus.com/museum | **Anfahrt** aus Richtung Leipzig über die A 9 bis Abfahrt Weißenfels | **ÖPNV** mit dem IC bis Weißenfels-Hauptbahnhof | **Öffnungszeiten** Di–Fr 15–21, Sa, So 10–18 Uhr und nach Vereinbarung | **Tipp** Nach der Schlacht erwartet Sie ein kühles irisches Bier im Pub unter dem Museum.

101 Das Novalis-Haus
»Glück ist gleich Talent für das Schicksal«

Und das Schicksal meinte es zunächst gut mit Friedrich von Hardenberg, der unter dem Künstlernamen Novalis der bedeutendste Dichter der Deutschen Frühromantik wurde. Er war gesegnet mit vielen Talenten. Novalis bedeutet »der Neuland Bestellende«. Neuland betrat er mit seinem Streben nach der »Romantisierung der Welt«. Novalis suchte nach der Verbindung von Wissenschaft und Poesie.

Novalis wurde am 2. Mai 1772 geboren. 1785 kam er mit seiner Familie in das Haus in Weißenfels. In Eisleben besuchte er das Gymnasium und las Schriften der Naturwissenschaften, des Rechts, der Philosophie, Politik und Wirtschaft. Novalis war schon umfassend gebildet, als er zum Studium nach Jena, Leipzig und Wittenberg ging. 1791 besuchte er eine Geschichtsvorlesung von Schiller. Eine Begegnung, die später sein Schicksal besiegeln sollte. Als Schiller mit Tuberkulose darniederlag, besuchte und pflegte ihn Novalis.

Am 17. November 1794 verliebt sich Novalis auf der Straße und auf der Stelle in Sophie von Kühn, mit der er sich schon ein halbes Jahr später verlobt. Eine echte Romanze, die leider ohne Happy End bleibt. Sophie erkrankt schwer, erholt sich wieder, erleidet einen Rückfall, muss schließlich drei schwere Operationen ohne Narkose über sich ergehen lassen und stirbt kaum 15-jährig in seinen Armen. Ihren Tod verarbeitet er immer wieder in seinen Werken, wie etwa 1800 in den »Hymnen an die Nacht«. Doch er kommt nie darüber hinweg. Im selben Jahr bricht bei Novalis die Tuberkulose aus, mit der er sich Jahre zuvor bei seinem Dichterfreund Schiller angesteckt hatte.

Am 25. März 1801 stirbt Novalis mit 28 Jahren in Weißenfels. Wen die Götter lieben, den lassen sie jung sterben, heißt es. Im Novalis-Haus erklärt eine Ausstellung Leben und Werk des Frühromantikers. Im Gartenpavillon werden regelmäßig Lesungen veranstaltet.

Adresse Klosterstraße 24, 06667 Weißenfels, www.museum-weissenfels.de/geschichte-des-museums/novalishaus | **Anfahrt** aus Richtung Leipzig über die A 9 bis Abfahrt Weißenfels | **ÖPNV** mit dem IC bis Weißenfels-Hauptbahnhof | **Öffnungszeiten** April–Sept. Di–So 10–17 Uhr, Okt.–März Di–So 10–16 Uhr | **Tipp** Lesen Sie Novalis traurig-schöne »Hymnen an die Nacht«.

102 Die Cranachhöfe
The Factory

»The Factory« nannte Andy Warhol die New Yorker Studios, in denen er in den 1960er Jahren Kunst produzierte. Produzierte? Kann man denn Kunst produzieren? Wenn man Künstler ist, schon. Erfunden hat das nicht erst Andy Warhol. Der griff den Gedanken der Malerwerkstatt aus dem Mittelalter auf und machte daraus seine Pop Art.

1512, ungefähr 450 Jahre vor Warhol, kaufte der Maler Lucas Cranach der Ältere das Grundstück Markt 4 in Wittenberg und richtete dort seine Malerwerkstatt ein. In dieser Werkstatt war Lucas Cranach Maler und Lehrmeister zugleich. Seine Malergesellen kamen aus ganz Europa nach Wittenberg, lernten von ihrem Meister und brachten stilistische Neuerungen mit ein. Bis 1518 wurde am Markt 4 Kunst »produziert«. Es entstanden Werke wie der »Neustädter Altar« und »Adam und Eva«. Lucas Cranach der Ältere hatte innerhalb weniger Jahre die erfolgreichste Malerwerkstatt seiner Zeit aufgebaut. Die Auftragsbücher waren voll, die Werkstatt zu klein. Der Meister Cranach expandierte und zog auf den größten Wittenberger Hof in der Schlossstraße 1. Am Markt 4 richtet er mit seinem Geschäftspartner Christian Döring eine Druckerei ein. Aus dieser Druckerei stammt das Neue Testament von Martin Luther in deutscher Sprache mit den Illustrationen von Lucas Cranach, ein Buch von Weltrang.

Am 4. Oktober 1515 wurde im Haus am Markt 4 der nächste Lucas geboren, Lucas Cranach der Jüngere. Er erlernte von seinem Vater die Malerei und übernahm um 1550 die gesamte Werkstatt. Die Tradition der Cranach-Malerwerkstatt in Wittenberg endete erst mit dem Tod des Urenkels von Lucas Cranach dem Älteren im Jahre 1645.

Eine Bürgerinitiative rettete 1989 die Cranachhöfe vor dem völligen Verfall. Heute ist es wieder möglich, an diesem geschichtsträchtigen Ort Künstlern in ihren Werkstätten bei der Arbeit zuzusehen oder in Kursen selbst schöpferisch tätig zu werden.

Adresse Markt 4, Schlossstraße 1, 06886 Lutherstadt Wittenberg, http://cranach-stiftung.de | **Anfahrt** über die A9, dann die B187 bis Wittenberg-Zentrum | **Öffnungszeiten** Mai–Okt. Mo–Sa 10–17 Uhr, So 13–17 Uhr; Nov.–April Di–Sa 10–17 Uhr, So 13–17 Uhr | **Tipp** Hotel kann jeder, übernachten Sie wie die Künstler in der Cranach Herberge, Schlossstraße 1.

103 Das Haus der Geschichte

»Ist ja alles so schön bunt hier!«

Wir befinden uns im Jahr 2012 nach Christus. Die ganze DDR ist von der Bundesrepublik besetzt. Die ganze DDR? Nein, ein Museum in Wittenberg hört nicht auf, dem Eindringling (kulturell) Widerstand zu leisten. Das »Haus der Geschichte« präsentiert originalgetreu gestaltete Wohnräume der DDR. Es ist ein Museum der DDR-Alltagskultur. Und die ist mit der Wende noch schneller verschwunden, als Beate Uhse Läden eröffnen konnte.

Alles, was 40 Jahre das Leben ausmachte, stand nach der Wende als Sperrmüll an der Straße. Die Schrankwand »Karat 2000« – weg, der Sternrecorder – weg, die Waschmaschine »WM 66« – nur raus damit. Man konnte das Zeug einfach nicht mehr sehen. Beim Rundgang durch das »Haus der Geschichte« stellt man nun fest, dass diese Gegenstände eben kein Zeug waren. Sie tragen alle ein Stück verloren gegangene Geschichte in sich. Die Schrankwand wurde über Jahre mühselig vom Ehekredit bezahlt. Den Sternrecorder hatte man sich stolz vom Jugendweihegeld gekauft und darauf für die erste große Liebe »Stairway to heaven« mitgeschnitten. Und hatte man nicht zum Brigadeabend 1983 in der Waschmaschine »WM 66« sogar die Bockwürste heiß gemacht? Diese Geschichten fallen einem wieder ein, wenn man durch das Wittenberger »Haus der Geschichte« spaziert. Deshalb hört man immer wieder Sätze wie »Nein, das gibt's doch nicht!« und »Guck mal Else, da steht unsere Dagmar!«. Ja, die gute, alte Klappcouch »Dagmar«. Da konnte es schon mal passieren, dass in der Nacht das Kopfteil wegklappte.

Tauchen Sie ein in Ihre eigene Geschichte (oder in die Geschichte Ihrer Ostverwandtschaft). Zeigen Sie Ihren Kindern und Enkelkindern, wie man in der DDR lebte. Kehren Sie noch einmal in eine typische Gaststätte zurück und schütteln sich bei dem Gedanken daran, einen doppelten »Blauen Würger« zu kippen. Machen Sie einen Ausflug in den überraschend bunten Alltag eines verschwundenen Landes.

Adresse Schlossstraße 6, 06886 Lutherstadt Wittenberg, www.pflug-ev.de | **Anfahrt** über die A 9, dann die B 187 bis Wittenberg-Zentrum | **Öffnungszeiten** Mo – So und Feiertage 10 – 18 Uhr, für die Wintermonate des laufenden und folgenden Jahres immer 1. Nov. – 28. Feb. Di – So 10 – 17 Uhr | **Tipp** Im Haus läuft außerdem die Sonderausstellung »Wegzeichen – Zeitzeichen« über Deutsche und Russen im Alltag vom Ende des Zweiten Weltkriegs bis 1993, und die ist auch sehr interessant.

104 Das Lutherhaus

Zu Hause hat Herr Käthe die Hosen an

In der heutigen Collegienstraße 54 wurde Geschichte geschrieben. Dieses Haus in Wittenberg war fast 35 Jahre die Hauptwirkungsstätte des Reformators Martin Luther. Hier lebte er ab 1508 erst als Mönch und ab 1525 zusammen mit seiner Familie. In dem ehemaligen Augustiner-Eremitenkloster trafen sich Luthers Studenten und Mitstreiter. An seinem Tisch wurden hitzige Diskussionen geführt. Im Hörsaal hielt der wortgewaltige Theologe mitreißende Vorlesungen. In seinem Arbeitszimmer entstanden die berühmten Thesen. Und bei all diesen weltbewegenden Unternehmungen war Luther nicht abgelenkt von den banalen Anforderungen des Alltags. Dafür hatte er seine Frau, Katharina von Bora. Von ihm liebevoll »Herr Käthe« genannt, denn sie führte im Hause Luther ein strenges Regiment.

Dabei war sie extrem fleißig. Ab morgens vier Uhr fütterte sie die Schweine, Kühe, Kälber und Hühner. Sie war Bäuerin, Imkerin, bewirtschaftete den Garten, braute Bier und bekam nebenbei sechs Kinder. Sie verköstigte die Studenten und Gäste ihres Mannes, half ihm über seine Nierenprobleme hinweg und linderte seine Gicht. Was wäre Luther ohne seine Frau gewesen? Was hätte er tatsächlich geschafft, wenn sie den Depressiven nicht dauernd seelisch wieder aufgerichtet hätte? Vielleicht wäre die Reformation einfach in Wittenberg geblieben, eine lokale Erscheinung, eine Fußnote in den Geschichtsbüchern? Dem Papst hätte es gefallen.

Im sogenannten Lutherhaus befindet sich heute das weltweit größte reformationsgeschichtliche Museum der Welt. Die Dauerausstellung »Martin Luther – Leben, Werk und Wirkung« zählt auf über 1.800 Quadratmetern mehr als 1.000 Exponate. Neben Gemälden, einem Ablasskasten und der Predigtkanzel Luthers aus der Stadtkirche ist auch die in Wittenberg gedruckte Erstausgabe der vollständigen von Lucas Cranach illustrierten Lutherbibel zu sehen.

Adresse Lutherhaus Wittenberg, Collegienstraße 54, 06886 Lutherstadt Wittenberg, www.martinluther.de | **Anfahrt** über die A 9, dann die B 187 bis Wittenberg-Zentrum | **Öffnungszeiten** April–Okt. täglich 9–18 Uhr; Nov.–März Di–So 10–17 Uhr | **Tipp** Wer auf den Spuren von Luther wandelt, kommt an Melanchthon nicht vorbei. Sie finden sein Haus in der Collegienstraße 60.

105 Luthers Grab
»Death is not the end«

Am 18. Februar 1546 um 2 Uhr 45 stirbt Martin Luther in seiner Geburtsstadt Eisleben. Sein Leichnam wird nach Wittenberg überführt und dort am 22. Februar 1546 in der Schlosskirche vor der Kanzel beigesetzt. Martin Luther ruht seitdem 2 Meter 40 tief im Erdboden.

Die von ihm angestoßene Reformation endete nicht mit seinem Tod. »The death is not the end«, singt Bob Dylan. Der Tod ist nicht das Ende. Im Falle von Martin Luther, kann man sagen, stimmt das. Seine Lehre wirkt bis heute.

Die Schlosskirche bildet den Nordostflügel der einstigen Wittenberger Schlossanlage. Sie wird 1503 zunächst als katholische Schloss- und Stiftskirche »Allerheiligen« geweiht. 1525 werden die Messen abgeschafft und der evangelische Gottesdienst eingeführt. Heute ist sie Anziehungspunkt für Menschen aus der ganzen Welt. Bis zu 180.000 Gäste strömen jedes Jahr in die Kirche, und alle wollen sie sehen, die Tür, an die Martin Luther seine Thesen schlug.

Am 31. Oktober 1517 hängt Martin Luther 95 Thesen, unter anderem gegen das Schüren der Angst vor dem Fegefeuer und den Missbrauch des Ablasshandels, ans Hauptportal der Schlosskirche. Die Schlosskirche ist in jener Zeit auch die Wittenberger Universitätskirche und ihr Portal eine Art Schwarzes Brett. Luther betrachtet seine Tat als Auftakt zu einem der üblichen akademisch-theologischen Streitgespräche. Tatsächlich ist die Veröffentlichung der Thesen eines der bedeutendsten Ereignisse in der Frühen Neuzeit. Ihr Inhalt ist ein geistiger Sprengsatz, der in der Folge zur Trennung innerhalb der abendländischen Kirche führt.

Neben Martin Luther liegt sein Mitstreiter Philipp Melanchthon begraben. Der sagte einst: »Wir sind dazu geboren, uns im Gespräch einander mitzuteilen.« Vielleicht gilt das über den Tod hinaus, und die zwei Geistesgrößen führen ihre Gespräche bis in alle Ewigkeit fort.

Adresse Schlosskirche, 06886 Lutherstadt Wittenberg, www.schlosskirche-wittenberg.de/index.php/de | **Anfahrt** über die A 9, dann die B 187 bis Wittenberg-Zentrum | **Öffnungszeiten** 1. Jan. – 30. März Mo – Sa 10 – 16 Uhr, So 11.30 – 16 Uhr (10 Uhr Gottesdienst) | **Tipp** Der Aufstieg ist anstrengend, aber die Aussicht von der 52 Meter hohen Plattform des Kirchturms entschädigt dafür.

106 Die Milbenkäsemanufaktur

Hauptsache, es schmeckt!

Wer Milbenkäse mag, ist entweder ein Gourmet, oder ihm graut es vor nichts. Es kostet einige Überwindung, einen Käse zu probieren, auf dem Zigtausende Tiere krabbeln, die unter dem Mikroskop aussehen wie achtbeinige Monster. Der Milbenkäse ist eine Herausforderung an unser ästhetisches Empfinden. Wenn man sich dieser Herausforderung stellt, wird man dafür mit einem besonderen Genuss belohnt. Trotzdem bleibt die Frage, wer denkt sich denn so was bitte schön aus? Eine Frage, die ich mir auch stelle, wenn ich daran denke, dass eine besondere balinesische Kaffeebohne erst dann zur teuren Delikatesse wird, wenn sie vor der Röstung von einer Katze geschluckt und wieder ausgeschieden worden ist. Wer kam auf die Idee, sich daraus seinen Kaffee zu brühen?

    Bei jeder Lagerung von Käse kann es zu Milbenbefall kommen. Die Würchwitzer machten im Mittelalter aus der Not eine Tugend und begannen, die Milbe als ihren Freund zu betrachten. Sie hörten auf, die Milben ärgerlich wegzuwischen und überließen ihnen den Käse. So stellten sie fest, dass die Milben den Käse nicht verdarben. Im Gegenteil, sie machten ihn viel länger haltbar. Zur Herstellung von Milbenkäse wird Magerquark einige Tage getrocknet. Aus der trockenen Masse werden kleine Würste und Kugeln geformt. Diese Kugeln und Würste legt man in eine dunkle Kiste, die von Millionen von Milben bewohnt wird. Die Milben knabbern am Käse und sorgen mit ihrem Speichel für die Reife. Damit sie nicht den ganzen Käse auffressen, werden sie zusätzlich mit Roggenmehl gefüttert. Was genau für den Milbenkäse nötig ist, wird seit Generationen nur innerhalb der Würchwitzer Familien weitergegeben.

    Heute vertreibt die Milbenkäsemanufaktur ihre Spezialität in ganz Europa. Der Käse schmeckt am besten pur oder auf Brot, aber immer mit den lebenden Milben darauf. Guten Appetit!

Adresse Sporaer Straße 8, 06712 Würchwitz, www.milbenkaese.de | **Anfahrt** von Zeitz über die B 180 und K 2214 | **Öffnungszeiten** Besichtigung nach Anmeldung unter Tel. 034426 / 21346 | **Tipp** Beim Milbenkäsebrot kann man mit dem Käsehersteller Helmut Pöschel wunderbar über die Olsenbande plaudern.

107 Die Lutheriden- und Stiftsbibliothek

Luther lebt!

Es gibt Momente im Leben, da wünscht man sich, man wäre vertauscht oder adoptiert worden. So sehr schämt man sich für seine Eltern. Solche Gedanken kommen, wenn Vati der ersten großen Liebe seiner Tochter erzählt, wie leidenschaftlich sie früher als Kind gepopelt hat, oder wenn Mutti der ersten Freundin ihres Sohnes mitteilt, dass der Kleine zum letzten Mal ins Bett gepinkelt hat, als er schon fast Mofa fahren durfte. Etliche so traumatisierte Menschen fangen dann an, ihren Stammbaum zu durchforsten. Wahrscheinlich stoßen sie dabei nicht auf andere Eltern, aber vielleicht auf spannende Vorfahren.

Die Lutheriden sind direkte Nachkommen von Martin Luther und seiner Frau Katharina von Bora. Die Verwandtschaft zum großen Reformator macht schon was her. Da können die eigenen Eltern noch so peinlich sein, wenn man glaubhaft versichern kann, dass der Urgroßschwippschwager mütterlicherseits der Halbcousin von Luthers Neffen war, ist man auf jeder Party der Mittelpunkt. Um solcherlei Eitelkeiten geht es den derzeit ungefähr 200 Lutheriden natürlich nicht. Sie wollen das Andenken an Martin Luther bewahren und sammeln und sortieren alles, was Luther selbst schrieb oder über ihn geschrieben wurde. Dieser Bücherschatz hat sein Zuhause im beeindruckenden barocken Torhaus von Schloss Moritzburg gefunden.

Die Zeitzer Moritzburg entstand im 17. Jahrhundert auf den Fundamenten einer Burganlage aus dem 10. Jahrhundert. Diese schützte das damalige Bistum Zeitz. Fast 600 Jahre war Zeitz Bischofssitz. Bischöfe und Geistliche waren in dieser Zeit zumeist die einzigen, die lesen und schreiben konnten. So ist es kein Zufall, dass in ihren Mauern eine umfangreiche Bibliothek zustande kam. Das, was davon blieb, bildete den Grundstein einer zweiten Bibliothek im Torhaus von Schloss Moritzburg, der bedeutenden Stiftsbibliothek.

Adresse Schloßstraße 6, 06712 Zeitz, Tel. 03445/2301142, www.stiftsbibliothek-zeitz.de | **Anfahrt** mit dem Pkw aus Richtung Halle über die A 38 bis Abfahrt Leuna, Richtung Weißenfels, auf der B 91 25 Kilometer über Weißenfels bis Zeitz | **ÖPNV** mit der Regionalbahn von Leipzig | **Öffnungszeiten** nach telefonischer Vereinbarung unter Tel. 03441/213771 | **Tipp** Nach einem heißen Sommertag gibt's nichts Schöneres als ein Bad im Mondsee in Hohenmölsen.

108 Das Oskar-Brüsewitz-Denkmal

Was ist Freiheit?

Am Morgen des 18. August 1976 bittet der Pfarrer Oskar Brüsewitz seine Tochter, für ihn ein Kirchenlied zu spielen. »So nimm denn meine Hände und führe mich bis an mein selig Ende« lauten dessen erste Zeilen. Oskar Brüsewitz steigt danach in den Wartburg und fährt von seiner Pfarrei die gut fünf Kilometer nach Zeitz. Dort hält er unmittelbar vor der Kirche St. Michaelis, steigt aus und stellt auf das Dach des Wartburgs ein Plakat. Darauf ist zu lesen: »Die Kirche der DDR klagt den Kommunismus an! Wegen Unterdrückung in Schulen an Kindern und Jugendlichen.« Schnell bildet sich eine Menschenmenge um das Auto des Pfarrers. Die weicht erschrocken zurück, als der sich aus einer großen Milchkanne mit Benzin übergießt und anzündet. Meter hoch schlagen die Flammen. Menschen, die ihn löschen wollen, weicht Brüsewitz aus. Als es endlich gelingt, die Flammen zu ersticken, ist es zu spät. Drei Tage später stirbt Brüsewitz an den Folgen seiner Selbstverbrennung.

War Oskar Brüsewitz verrückt, ein Held oder einfach nur ein aufrechter Mensch? Oskar Brüsewitz war bekannt und beliebt wegen seiner Originalität. Er hatte in seiner Gemeinde ein lebendiges Jugendleben organisiert. Das passte der Stasi nicht, sie machte bei seinen Vorgesetzten Druck, drohte damit, Brüsewitz in eine Nervenheilanstalt einliefern zu lassen. Im Juli 1976 forderte ihn sein Vorgesetzter schließlich auf, die Pfarrstelle zu wechseln. Einen Monat später fuhr er mit einer Milchkanne voll Benzin nach Zeitz.

Hunderte Pfarrer aus der ganzen DDR kamen zu seiner Beisetzung. Eine Welle der Solidarität mit Brüsewitz erfasste die Evangelische Kirche und zwang die DDR-Führung, große Zugeständnisse zu machen. Was ist Freiheit? Für Oskar Brüsewitz war der spektakuläre Selbstmord die letzte Möglichkeit der freien Meinungsäußerung. Sein Denkmal steht vor der St.-Michaeliskirche.

Adresse Michaeliskirchhof, 06712 Zeitz | **Anfahrt** mit dem Pkw aus Richtung Halle über die A 38 bis Abfahrt Leuna, Richtung Weißenfels, auf der B 91 25 Kilometer über Weißenfels bis Zeitz | **ÖPNV** mit der Regionalbahn von Leipzig bis Bahnhof Zeitz | **Tipp** In der Michaeliskirche können die Reformationsfans einen original Luther Thesendruck besichtigen.

109 Der Park von Schloss Moritzburg

Tag und Nacht

Zeitz ist nun nicht gerade für sein atemberaubendes Nachtleben bekannt. Aber einmal im Jahr bekommt auch der erlebnisverwöhnte Großstädter bei Einbruch der Dunkelheit in Zeitz leuchtende Augen. Nicht, weil er bei der rasanten Durchfahrt erschrocken in den Blitz einer mobilen Radarstation starrt, nein, weil er oder sie zu Gast bei einem wirklich magischen Event ist, dem Lichterfest im Park von Schloss Moritzburg. Zu diesem Anlass wird an einem Abend im Mai die gesamte Anlage zum Schauplatz einer romantischen Illumination. Ich könnte auch sagen, es werden überall Kerzen angezündet. Es wird sogar eine Lichterfee gekürt, die man sich hoffentlich vorher bei Tageslicht angeguckt hat. Und als Höhepunkt, wie könnte es bei einem Lichterfest anders sein, gibt es ein spektakuläres Feuerwerk.

Ein Feuerwerk für die Sinne ist die Anlage auch bei Tag. Es blüht in allen Farben, die Bienen summen, und das Wasser plätschert. Schon 1665 entstand vor den Schlossmauern der barocke Lustgarten. Es ist nicht auszuschließen, dass es dazu kam, aber der Garten diente nicht der sexuellen Lust von Herzog Moritz und seiner Gemahlin Amalia. Er bot den Herrschern und ihrem Gefolge in erster Linie die Gelegenheit zum Lustwandeln, also Spazierengehen. Offensichtlich wurde das den Herrschaften irgendwann zu langweilig, denn man verschenkte einen Teil des Parks an einen Unternehmer, der darauf eine Manufaktur errichtete. Auch der Rest des Parks wurde im Laufe der Zeit immer mehr bebaut.

Die Landesgartenschau 2004 in Zeitz bot die einmalige Chance, aus den Resten des einstigen Lustgartens eine grüne Oase für die ganze Stadt werden zu lassen. Unter denkmalpflegerischen Gesichtspunkten wurde der Park von Schloss Moritzburg zu einem der schönsten Gärten von Sachsen-Anhalt, und zwar nicht nur bei Tag, sondern auch einmal im Jahr bei Nacht.

Adresse Schloßstraße 6, 06712 Zeitz, www.zeitz.de/de/schloss_moritzburg1.html | **Anfahrt** mit dem Pkw aus Richtung Halle über die A 38 bis Abfahrt Leuna, Richtung Weißenfels, auf der B 91 25 Kilometer über Weißenfels bis Zeitz | **ÖPNV** mit der Regionalbahn von Leipzig bis Bahnhof Zeitz | **Öffnungszeiten** März 10–16 Uhr, April–Okt. 10–18 Uhr | **Tipp** Vielleicht möchten Sie das Lichterfest nach der Beschreibung in echt erleben? Infos unter: www.zeitz.de.

110 — Unterirdisches Zeitz
Jedem sein Fässchen

Waren die Menschen im Mittelalter eigentlich jeden Tag besoffen? Oder nur ein bisschen angeheitert? Bier war im Mittelalter kein Genussmittel. Bier war ein Lebensmittel. Aus Bier wurde Suppe gemacht, und es wurde natürlich getrunken. Sauberes Wasser war eher selten, Cola-Automaten noch nicht erfunden, da war es sicherer, Wein oder eben Bier zu trinken. Eine schöne Zeit, mag mancher denken. Aber man ging nicht zum nächsten Kiosk, die Biertrinker des Mittelalters brauten selbst. Sie mischten dem Bier auch allerlei Kräuter bei, um es haltbarer zu machen. Zum Beispiel Bilsenkraut. Das soll zusammen mit Tollkirsche auch Bestandteil der sogenannten Hexensalbe gewesen sein, die in die Haut gerieben Flughalluzinationen hervorrief. Vielleicht waren die Hexen vom Hexentanzplatz nur vom Bier besoffene Frauen, die einen typischen Junggesellinnen-Abschied feierten. Wie auch immer, das so behandelte Bier musste jedenfalls zur Reifung in einen kühlen Keller.

Die Nachfrage nach Bier und das günstige Gestein ließen unter Zeitz im Mittelalter ein weitverzweigtes Kellersystem entstehen. Im 15. und 16. Jahrhundert erreichte das Brauhandwerk (und das Kellerbauhandwerk) in der Stadt Zeitz seinen Höhepunkt. Danach übernahmen nach und nach große Brauereien. Das private Brauen lohnte sich immer weniger, und die Bierkeller wurden zu ganz gewöhnlichen Kellern, die man wie überall einfach zumüllte.

1989 waren die Keller fast vergessen. Aber eben nur fast. Während anderswo die Menschen in Scharen »rüber«machten, gründete sich hier die Interessengemeinschaft »Unterirdisches Zeitz e.V.« und entsorgte den Müll der Vergangenheit. Schon 1992 waren viele Keller wieder begehbar. Kinder lieben heute in diesen Gewölben Geburtstage mit gruseliger Schatzsuche zu feiern. Und auch manchem Erwachsenen wird es bei einer Führung durch die niedrigen Keller mulmig zumute.

Adresse Altmarkt 21, 06712 Zeitz, http://www.unterirdisches-zeitz.de | **Anfahrt** mit der RB von Leipzig, mit dem Pkw aus Richtung Halle über die A 38 bis Abfahrt Leuna, Richtung Weißenfels, auf der B 91 25 Kilometer über Weißenfels bis Zeitz | **Öffnungszeiten** Mo Ruhetag, Di, Do 10 – 15 Uhr, Mi, Fr nur nach Anmeldung (ab 5 Personen), Sa, So und Feiertage 10 – 16 Uhr | **Tipp** Alljährlich findet im August im Nachbardorf Bockwitz das beliebte »Schlübberschießen« statt. Wer mitschießen will, findet die Infos hier: www.bockwitzer-kneipe.de.

111 Das Denkmal für Katharina die Große

Deutsch-Sowjet... Deutsch-Russische Freundschaft

Am 9. Juli 2009 wurde in Heidelberg ein Bericht über die Zulassung des ersten oralen Medikaments gegen Ejaculatio praecox verfasst. Und in Zerbst wurde am selben Tag ein großes Bronze-Denkmal von Prinzessin Sophie von Anhalt-Zerbst eingeweiht. Nahezu zeitgleich machten also ein Medikament gegen vorzeitigen Samenerguss und ein Denkmal für eine schöne Prinzessin von sich reden. Nur ein Zufall, aber ein sehr passender, denn aus der schönen Zerbster Prinzessin wurde später die russische Zarin Katharina die Große. Und der wurde ja schon zu Lebzeiten ein nicht zu stillender Sexualtrieb unterstellt.

Diese Gerüchte sind wahrscheinlich Quatsch. Fakt ist, dass sie eine der fortschrittlichsten Herrscherinnen in der russischen Geschichte war. Katharina reformierte den russischen Staat. Gut, vorher ließ sie von einem Liebhaber ihren Mann, den Zaren, aus dem Weg räumen. Aber der war auch ein infantiler Narr. Unter Katharinas Regierung erlebte Russland eine wahre Blütezeit.

Die zukünftige Zarin kam 1744 mit 14 Jahren nach Moskau. Wer heute seine 14-jährige Tochter zum Heiraten nach Russland schickt, kriegt wahrscheinlich Besuch von der Super Nanny. Damals war diese arrangierte Ehe ein Glücksfall für Anhalt-Zerbst. So schaffte es das kleine Fürstentum auf die politische Weltkarte. Katharina die Große war nicht in Zerbst geboren. Tatsächlich lebte sie mit ihrer Familie nur zwei Jahre in der Stadt. Die Zerbster werden sagen, na und, genau das waren die prägendsten Jahre ihres Lebens. Schließlich machte sie sich von Zerbst auf, um die Welt zu erobern. Richtig, und heute erinnert man wieder sehr gern an die große »Tochter«. Sichtbarstes Andenken ist das fast fünf Meter hohe Denkmal im Schlossgarten, geschaffen vom russischen Künstler Michael Perejaslawez.

Adresse Schloßfreiheit 12, 39261 Zerbst (Anhalt), www.alt-zerbst.de/charakterkoepfe/dr-hermann-wille/index.php | **Anfahrt** über die B 184 und B 187a | **ÖPNV** Regionalexpress- und Regionalbahnzüge der Bahnstrecke Biederitz–Dessau bis zum Bahnhof Zerbst | **Tipp** Die St.-Bartholomäi-Kirche gegenüber der Schloßfreiheit beeindruckt beim Rundgang durch überraschende Perspektiven.

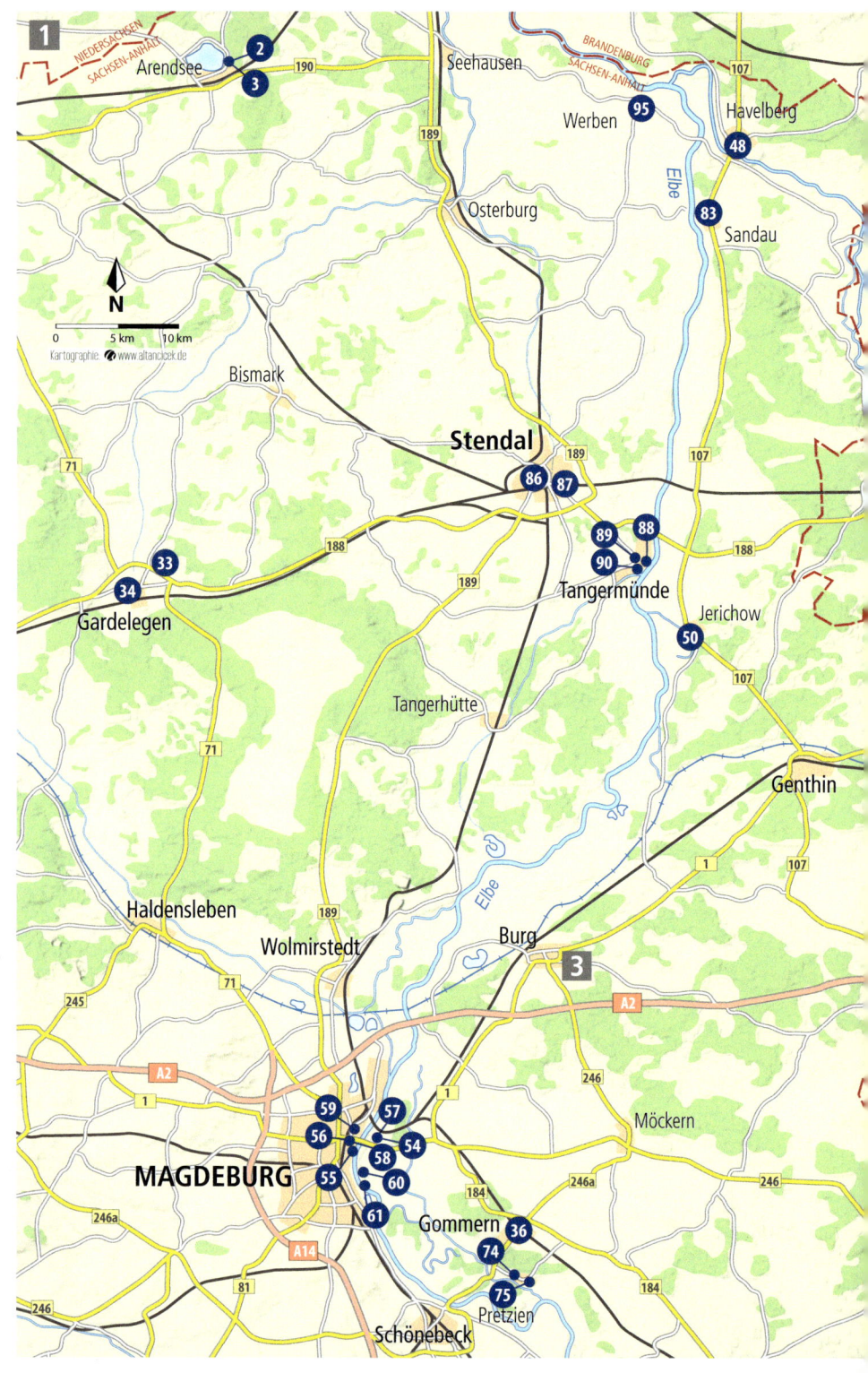

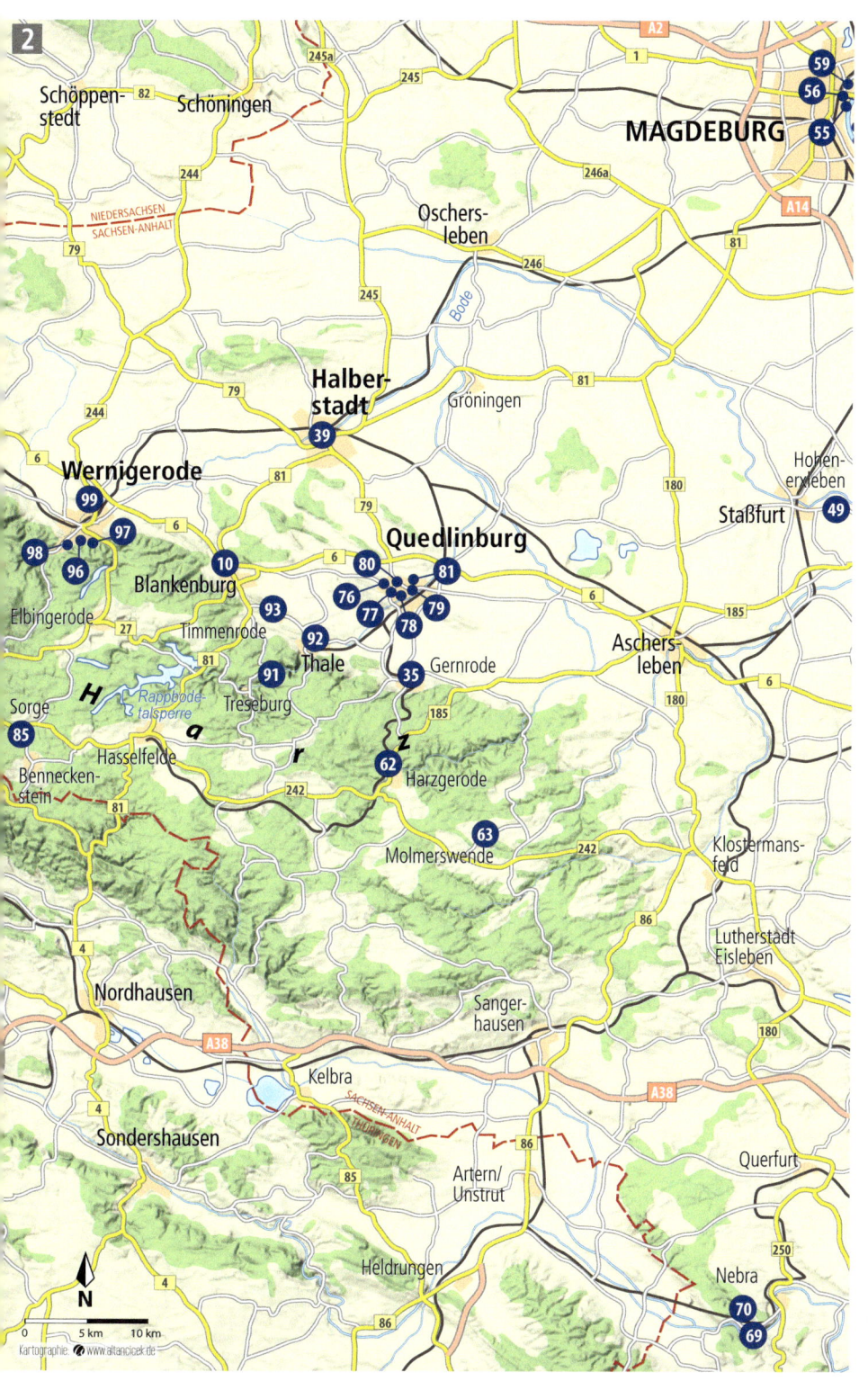

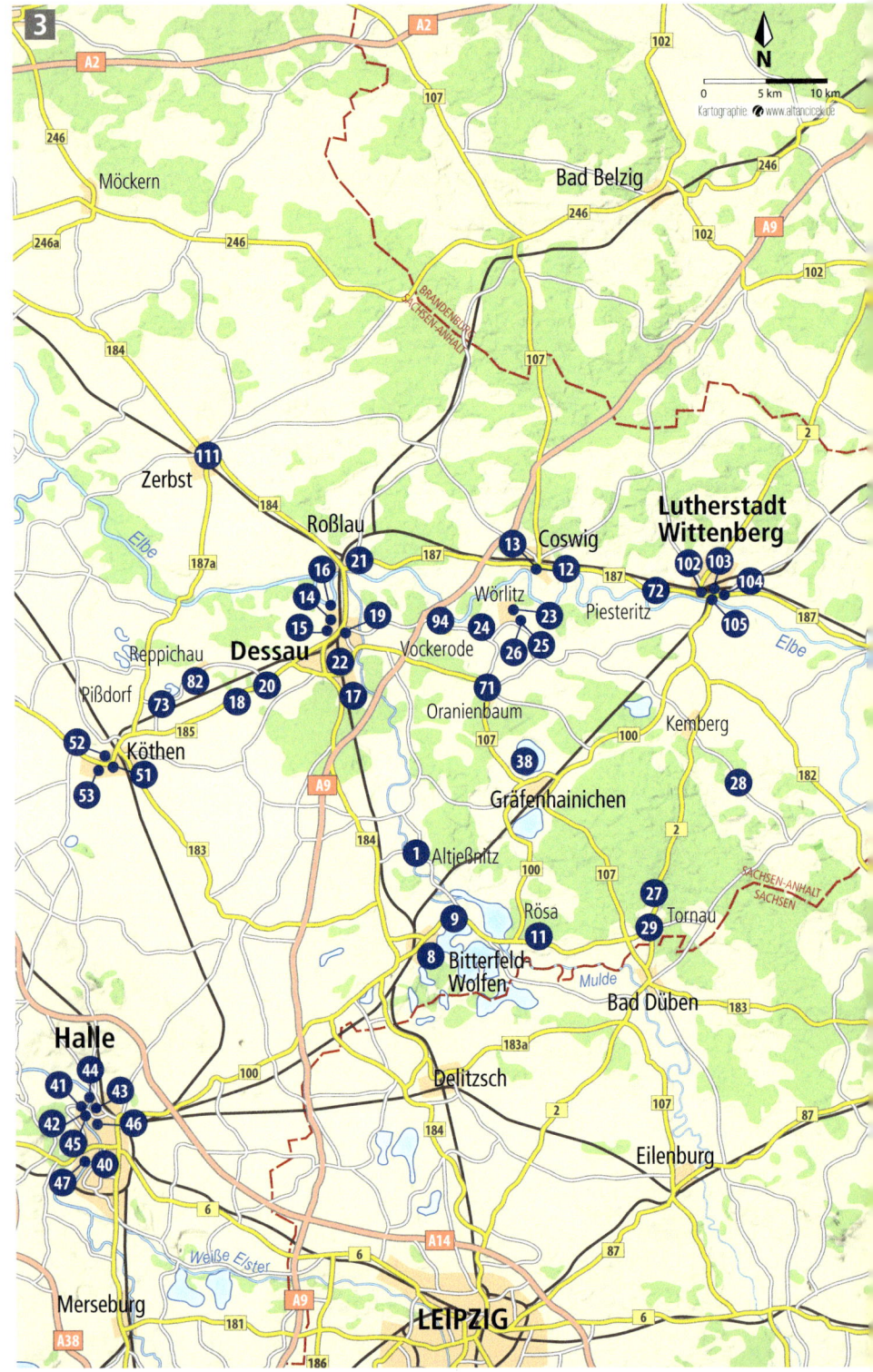

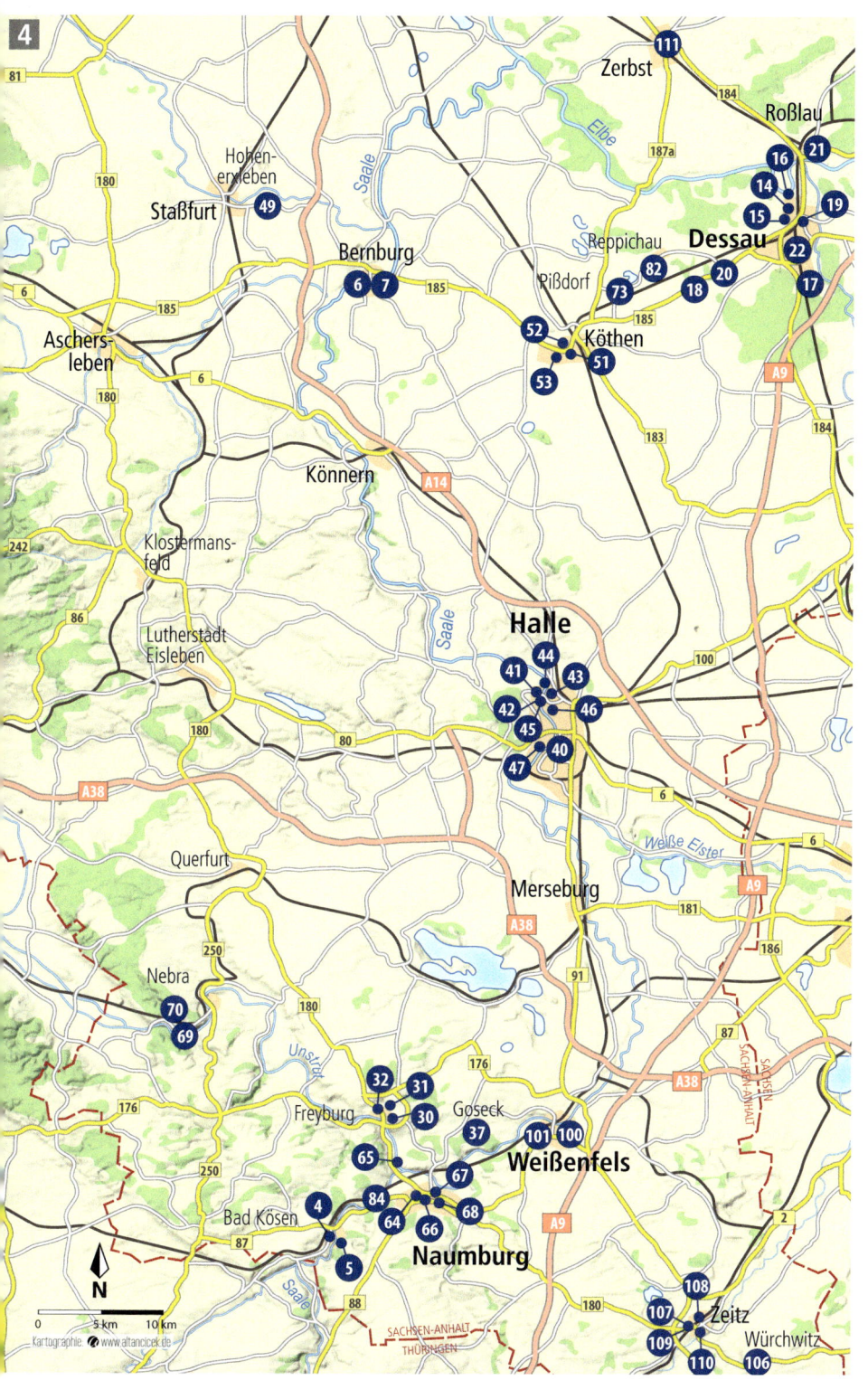

Rike Wolf
111 Orte in Hamburg, die man gesehen haben muss
ISBN 978-3-89705-916-0

Rüdiger Liedtke
111 Orte auf Mallorca, die man gesehen haben muss
ISBN 978-3-89705-975-7

Lucia Jay von Seldeneck, Verena Eidel, Carolin Huder
111 Orte in Berlin, die man gesehen haben muss
ISBN 978-3-89705-853-8

Rüdiger Liedtke
111 Orte in München, die man gesehen haben muss
ISBN 978-3-89705-892-7

Lucia Jay von Seldeneck, Verena Eidel, Carolin Huder
111 Orte in Berlin, die man gesehen haben muss
Band 2
ISBN 978-3-95451-207-2

Ulf Annel
111 Orte in Erfurt, die man gesehen haben muss
ISBN 978-3-95451-022-1

Bernd Imgrund, Britta Schmitz
111 Kölner Orte, die man gesehen haben muss
Band 1
ISBN 978-3-89705-618-3

Bernd Imgrund, Britta Schmitz
111 Kölner Orte, die man gesehen haben muss
Band 2
ISBN 978-3-89705-695-4

Mercedes Korzeniowski-Kneule
111 Orte in Basel, die man gesehen haben muss
ISBN 978-3-95451-702-2

Stefanie Jung
111 Orte in Rheinhessen, die man gesehen haben muss
ISBN 978-3-95451-082-5

Peter Bieg, Maximilian Staub
111 Orte in Trier, die man gesehen haben muss
ISBN 978-3-95451-848-7

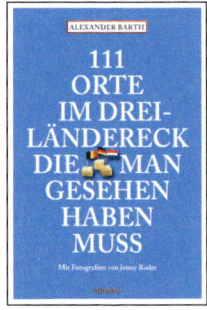

Alexander Barth, Jenny Roder
111 Orte im Dreiländereck, die man gesehen haben muss
ISBN 978-3-95451-316-1

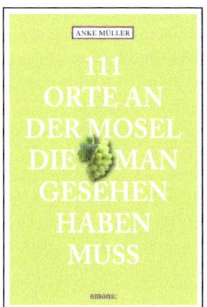

Anke Müller
111 Orte an der Mosel, die man gesehen haben muss
ISBN 978-3-95451-325-3

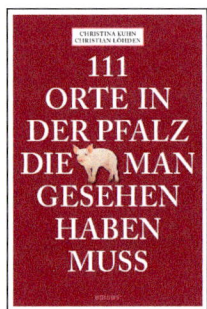

Christina Kuhn, Christian Löhden
111 Orte in der Pfalz, die man gesehen haben muss
ISBN 978-3-95451-085-6

Elisabeth Friesenhahn, Peter Friesenhahn
111 Orte im Hunsrück, die man gesehen haben muss
ISBN 978-3-95451-319-2

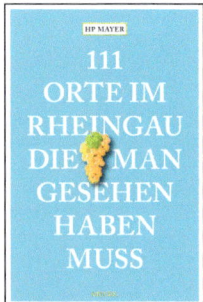

HP Mayer
111 Orte im Rheingau, die man gesehen haben muss
ISBN 978-3-95451-918-7

Kirsten Elsner-Schichor
111 Orte im Harz, die man gesehen haben muss
ISBN 978-3-7408-0121-2

Jacek Auerbach
111 Orte in Oldenburg, die man gesehen haben muss
ISBN 978-3-7408-0249-3

Oliver Schröter
111 Orte in Leipzig, die man gesehen haben muss
ISBN 978-3-89705-910-8

Gabriele Kalmbach
111 Orte in Dresden, die man gesehen haben muss
ISBN 978-3-89705-909-2

Ulf Annel, Juliane Annel
111 Orte in und um Erfurt, die man gesehen haben muss
ISBN 978-3-95451-913-2

Ulf Annel, Juliane Annel
111 Orte in und um Weimar, die man gesehen haben muss
ISBN 978-3-95451-201-0

Oliver Schröter
111 Orte in Sachsen, die man gesehen haben muss
ISBN 978-3-95451-021-4

Ingrid Annel, Ulf Annel, Juliane Annel
111 Museen in Thüringen, die man gesehen haben muss
ISBN 978-3-95451-510-3

Lust auf mehr? Laden Sie sich die »LChoice«-App runter, scannen Sie den QR-Code und bestellen Sie weitere Bücher direkt in Ihrer Buchhandlung.

Ich danke meiner Frau Elke, unserem Sohn Vincent und allen Freunden und Bekannten, die mich voller Begeisterung mit mehr als 111 Tipps zu Sachsen-Anhalt unterstützt haben. Meiner Schwester Heike und meinem Neffen Oliver für ihre Gastfreundschaft. Martin Stein, der mir mit seinen Ideen und Kenntnissen erst den Weg, zu vielen spannenden Orten gezeigt hat. Vielen Dank! Miriam Haritz bekommt einen dicken Kuss für ihre Kreativität bei der Bearbeitung und Auswahl der Fotos. Und besonders danke ich Susan Schröter, die total gewissenhaft alle Informationen in dieser Auflage geprüft und aktualisiert hat. Fühlt euch umarmt!

Der Autor

René Förder floh mit 20 Jahren aus der DDR. Er arbeitete bis 1992 als Krankenpfleger auf einer Intensivstation. Das Studium der Sozialwissenschaften brach er zugunsten der Autorentätigkeit ab. Von 2001 bis 2005 war er Autor/Chefautor bei Sony Pictures. Seit 2005 ist er freier Drehbuchautor. Für seine Arbeit erhielt er den Deutschen Fernsehpreis, den Comedy Preis und war für den International Emmy nominiert. http://www.jtc-autoren.de